KB188172

죽어도

컨티뉴

직장을 잃고 이혼도 했는데
저승사자를 만나 부자가 되었다

죽
어
도

최해직(권영신)
지음

컨
티
뉴

ㄴㅡㄹ

목차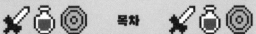

1부

저승사자와 해직

갑자기 찾아온 저승사자

하도 일이 풀리지 않아 스트레스를 받던 해직은 전 직장 선배의 조언으로 명상을 해 보기로 했다. 선배는 명상을 통해 마음을 가라앉히면 한결 평온해질 수 있다고 했다. 정작 이 명상이 자신을 어떤 길로 몰고 갈지는 전혀 몰랐다.

　　명상을 시작한 지 3일째.

　　해직은 명상 유도 채널을 틀고 명상에 들어간다. 눈을 감고 심장 속 빛을 상상하는데 평소와 다르게 심장이 무거워짐을 느낀다.

　　　해직　'아! 이게 그 느낌인가? 명상을 통해 느낄 수 있다는 에너지 말이야.'

3일밖에 안 됐는데 뭔가 깨달음을 얻은 것 같아 기분이 좋아지려는 찰나 갑자기 목소리가 들려온다.

"최해직은 일어나라."

놀라 눈을 뜬 해직 앞에 모르는 사람이 서 있다. 해직은 기겁
하며 뒤로 넘어질 뻔하다 팔을 디뎌 겨우 몸을 세웠다.

> **해직** 뭐야 당신, 여기는 어떻게 들어온 거야? 자기
> 야! 아무 일 없어?
> '혹시 이 자식 윤저를 해코지한 거 아냐? 그나
> 저나 이 자식은 대체 누구지?'

그는 해직을 지그시 바라보다가 손가락으로 해직의 뒤를 가
리켰다. 경계하면서 천천히 뒤를 돌아본 해직은 그만 너무
놀라 버렸다. 자신이 심장을 부여잡고 쓰러져 있었다.

> **해직** '아! 이게 죽음인가? 그럼 저 사람은 저승사
> 자? 윤저는 괜찮겠네… 아니, 내가 죽으면 윤
> 저는 어떡해? 삶이 완전히 꼬였는데 이대
> 로 죽어 버리면 어쩌자는… 아… 오히려 잘됐
> 나?'

저승사자라 생각하는 순간 저승사자의 목소리가 매우 기괴

하게 들리기 시작했다.

저승사자 최해직은 일어나라, 짜증 나게 굴지 말고.

해직 악! 목소리 너무 기괴한데요? 이미 죽었는데 왜 고통을 줍니까?

저승사자 짜증 나게 굴지 말랬지? 그리고 목소리는… 아니다 됐다… 다른 사람에 비해 죽음을 빨리 받아들이는 것만으로 만족하네.

해직 그 목소리 좀 어떻게 안 되나요?

저승사자 이런 XXX! 다 말해 줄 수도 없고… 적응될 테니 일단 가자!

해직 어디로 가나요? 저는 천국행인가요, 지옥행인가요? 저승사자가 있다는 건 신도 있다는 거네요? 그 신은 누구인가요? 설마 외계인은 아니죠?

저승사자 아… 내가 왜 이런 자식을 맡게 된 거지… 조용히 해! 낫으로 갈라 버리기 전에!

해직 …

저승사자 이제 좀 조용…

해직 죽었는데 낫으로 갈라지나요? 그럼 또 죽나요? 어떻게 되나요? 어차피 죽었는데 반으로 갈라 보세요, 궁금해요.

저승사자는 짜증 났지만 맡은 일을 차분히 수행하기로 결심한다.

저승사자 최해직 자네는 급성 심장사로 오늘 죽었으며 이제부터 내가 자네를 인도할 것이다. 그대에겐 선택권이 있다. 바로 심판을 받을 수 있고, 먼저 자신의 인생을 돌아보며 심판을 예상할 수 있다. 어떻게 할 건가?

해직 와… 선택권이 있다니 놀랍네요! 영화에서 보던 것과는 또 다르네요? 대부분의 사람들이 자신의 인생을 먼저 돌아보는 걸 선택했군요? 그래서 불교에 사십구재가 있는 건가?

저승사자 바로 갈래? 심판 받으러?

해직은 곰곰이 생각하다가 어차피 죽었음을 상기했다. 저승사자가 있으니 윤회도 있을 것이라 기대되었다. 윤회가 있다면 생전에 읽은 책에서 본 것처럼 이번 생의 업보 때문에 다시 돌아오겠지 하는 생각이 들었다.

저승사자와 해직

해직　돌아볼 필요 있나요? 바로 가시죠, 심판 받으
　　　러!

저승사자　보통은 조금이라도 심판 날을 늦추려고 발버
　　　둥치는데 넌 다르군! 그래, 내가 특별히 빠른
　　　코스로 안내해 주마! 너같이 말 많은 놈은 질
　　　색이거든. 헛!

순간 멈칫하더니 저승사자의 표정이 안 좋아졌다. 그러고는
곧바로 체념한 듯 말을 이어 간다.

저승사자　해직, 위에서 내려온 명령이다. 너는 무조건
　　　네 인생을 돌아본다!

해직　아니, 선택권이 있다면서요?

저승사자는 낫을 위로 치켜들었고 알 수 없는 에너지가 해
직과 저승사자를 감쌌다.

저승사자　지금부터 너는 네게 일어났던 일들을 보게 될
　　　거다.

해직은 알 수 없는 에너지에 홀린 듯 저승사자의 말은 듣는

둥 마는 둥 한다.

저승사자 야! 말을 하면 좀 들어!

순간 해직은 한 번도 보지 못한 신비로운 광경이 펼쳐진 곳
에 도착한다.

해직 여긴 어딘가요?

저승사자 여긴 인간 세계를 한눈에 볼 수 있는 곳이다.

해직 제게 일어났던 일을 보여 주는 거 아니었어
요? 스크루지 영감처럼요.

저승사자 찰스 디킨스의 『크리스마스 캐럴』 말이냐?
나도 참 좋아했지. 문체가 아주 훌륭했어.

해직 네, 감상은 그 정도 하시고요, 이곳에 데리고
온 이유는 뭐예요?

저승사자 이 자식이 아주 겁이 없구나? 지금 당장 낫으
로 갈라 줄까? 그러면 너는 심판대로 가지도
못하고 조각조각 잘린 몸을 질질 끌며 이곳을
헤맬 것이다. 해 주랴?

해직 뭐 그런 협박을…

저승사자 협박? 이게 협박처럼 들리나? 예의를 갖추라

는 말이다.

해직 네, 죄송합니다. 여기 온 이유를 말씀해 주실 수 있을까요?

저승사자 너의 과거를 돌아보기 전에 먼저 알아야 할 것들이 있다. 너희가 말하는 현실이라는 곳이 어떻게 작용하고 운용되는지 알아야 한다. 내 임무는 너에게 이걸 알려 주는 것이다. 지금부터 수업을 시작할 테니 잘 들어라. 첫 교시는 현실 세계 수업이다.

해직 현실에 대해서 배울 필요가 있어요? 전 어차피 죽었는데?

저승사자는 자신의 긴 손톱으로 낫을 긁으며 기괴하고 듣기 고통스러운 소리를 내기 시작했다.

해직 아, 알았어요! 죄송해요! 들려주세요. 열심히 듣겠습니다!

저승사자 아무래도 네 과거부터 보는 게 더 좋을 것 같군. 다른 곳으로 간다.

우리가 보는 현실, 과연 진짜일까?

신비한 에너지가 다시 둘을 감싸고 현실 세계와 같은 곳이
보이기 시작했다.

> **해직** 여기는 우리 집이네요?
>
> **저승사자** 그래, 네 첫 결혼 생활 장면이다. 지켜봐라.

해직은 결혼을 하고 5년 뒤에 이혼을 했다. 갑자기 고성이
들리기 시작했다.

> **해직** 아… 전처와 싸우는 장면이구나. 정말 별것도
> 아닌 일로 싸우곤 했었어.
>
> **저승사자** 왜 싸웠는지 기억하느냐?
>
> **해직** 어떻게 기억을 해요? 하지만 제 생각에 전처
> 는 한 번도 저를 있는 그대로 알아주지 않았

어요. 제가 그녀를 생각하는 만큼 저를 생각해 주지 않는다는 것도 살아가면서 점점 알게 됐죠. 그런 생각들이 커지니 전처를 좋게 볼 수 없었어요. 정말 이기적인 사람이구나 하는 생각이 들기도 했죠.

저승사자 그럼 이제 다른 시기로 간다.

해직 아니, 벌써요?

또다시 고성이 오가는 소리가 들린다. 이혼 후 만나 결혼을 약속한 여자 친구와 싸우는 모습이 보였다.

해직 아… 윤저와 싸우는 장면이구나. 똑같이 별것도 아닌 일로 싸우고 있네. 당시에는 정말 죽을 것 같이 미웠는데… 지금 보니 정말 별것도 아니다. 한심하다…

저승사자 이번엔 왜 싸웠는지 기억하느냐?

해직 아마 나를 알아주지 않는다고 생각했던 것 같아요. 그래서 순간 화가 났어요. 그리고 나는 왜 이렇게밖에 살 수 없지? 라는 생각도 들었던 게 기억이 나요.

저승사자 보고 느끼는 게 그것이 다냐?

해직   똑같이 별것도 아닌 일로 싸우는 제 자신을 보는 게 힘겨울 뿐입니다…

저승사자   있던 곳으로 가자.

해직은 말이 없어졌다. 인간 세계를 한눈에 볼 수 있다는 장소로 돌아왔지만 해직은 계속 골몰해 있었다.

저승사자   너 혼자 생각해 봤자다. 그래도 듣고 싶군. 어떤 생각을 했느냐?

해직   생각을 한 게 아니라 그저 기분이 안 좋아요. 자신에 대해 혐오를 느꼈어요. 등신 같고 바보 같아요!

저승사자   이래서 인간은 안되는 거라니까! 내 친절하게도 두 사건을 보여 줬는데 감정만 그대로 느끼고 앉아 있다니. 한심해서 원… 이제 잘 들어라. 현실 세계는 네가 생각하는 그대로 반영된다. 너는 전처와 있었던 일과 같은 일이 일어나지 않기를 바랐다. 그리고 현재 여자 친구와 똑같은 일이 벌어졌다. 이 일이 발생하게 된 것은 이런 거다.

첫 번째. 너는 그런 일이 없기를 바라면서 그

일을 계속 생각했다. 두 번째. 너는 그런 일이 반복되지 않도록 스스로 반성하지 않고 남 탓만 했다. 두 번째가 더 중요한데, 기억하느냐고 물었을 때 네 대답은 여전히 남 탓이었다.

해직 네? 제가 언제 남 탓을 했어요? 그들이 날 몰라준 게 왜 남 탓이에요?

저승사자 아직도 남 탓을 하고 있네. 모든 건 너의 탓이다. 너의 주변에 일어나는 모든 일들은 네가 만들었고 네 스스로 배우기 위해 네가 창조한 거다. 자, 잘 봐라. 너는 전 부인과 싸운 뒤로 그런 일이 없기를 바랐다. 맞지? 그 뒤로 너는 그 일을 생각하면서 다시는 그런 일이 생기게 만들지 않기를 다짐했다. 여기까진 좋아. 본인이 반성한 것처럼 보이거든? 그런데 넌 반성한 게 아니라, 날 알아주는 상대를 만나야 한다고 생각했다. 즉, 너의 시선을 너의 내면이 아니라 외부로 돌렸다. 너의 내면에서 네 행동과 마음 상태를 봐야 했지만 너는 외부로 시선을 돌려서 남 탓을 해댔다. 이럴 때 너의 무의식은 이렇게 작용한다. '남 탓만 하는 나에게 또 똑같은 상황을 만들어 줘야겠다. 그래야 보고 알 수 있지.' 이렇게 아주 사랑스럽게 네 스스로 만들고 있는데 너는 그걸 모르고 똑같은 상황에 똑같은 감정으로 똑같은 행동을 해 버린다. 이 얼마나 멍청한 일이냐?

게임을 할 때, 보스전에서 캐릭터가 한 번 죽었다고 게임이 끝나지는 않지? 재도전 때는 너는 이미 보스의 패턴을 알고 있다. 그래서 이길 확률이 높아지지. 그런데도 너는 매번 같은 실수만 해대는 꼴이다. 같은 곳에서 같은 상황에 같은 죽음을 당할 뿐이지.

해직 그러네요. 같은 상황이 다시 일어났는데 저는 똑같이 행동했어요. 다시 기회가 왔을 때 알아차리고 다르게 행동했어야 한다는 거죠?

저승사자 다르게 행동하는 게 중요한 게 아니고 네 스스로 똑같은 상황이 왔을 때 어떻게 대처할지를 선택할 수 있었다는 거다. 넌 같은 선택을 한 거고.

해직 저는 왜 그랬던 걸까요?

저승사자 너의 무의식이 너를 하도 사랑해서 네가 성장하고 배우길 원하고 있다. 그래서 같은 상황을 만들어 주는 거지. 즉, 네가 그것을 계속 생각함에 따라 그 상황을 그대로 끌어당긴 것과 마찬가지다. 너의 생물학적 눈에 너의 무의식 필터가 끼워진 거라 생각해라. 그 생각을 할 때 너는 모든 사물과 물질, 그리고 사람도 그 필터를 끼고 보게 된다.

해직 생각하는 대로 보인다는 거군요. 제가 그 생각을 할수록 제 무의식이 그 상황을 만들게끔 저를 유도한다는 거고요?

저승사자 그래, 그거다. 너의 무의식은 너의 생각에서 비롯된다. 충격이 클수록 너의 무의식에 자동 저장이 된다. 너희 인간 세계에선 그걸 뇌가 담당한다고 하는데 뇌는 네 생각보다 훨씬 멍청하다. 생물학 수업도 있으니 그건 나중에 하기로 하지.

해직 그건 또 무슨 말이에요? 커리큘럼이 있는 수업이었어요? 그런 건 미리 말해 주셔도 좋잖아요!

저승사자 낫을 잊었구나, 네가?

해직 아이 씨, 해 봐요~ 어차피 죽은 걸!

저승사자는 낫으로 해직의 몸을 반으로 갈랐다. 해직의 눈앞엔 땅이 있었고 뒤로 눈을 돌리자 제 다리가 쓰러져 있는 것이 보였다. 그제야 해직은 잘못을 깨달았다.

해직   죄송합니다. 제발 원상태로 돌려주세요. 다신
      안 그럴게요!

저승사자는 해직을 내려다보다 쓴웃음을 짓고 손가락을 튕겼다. 해직은 다시 높아진 시선으로 아래를 내려다보았고, 다리가 온전히 붙어 있는 걸 확인하고는 안심했다.

해직   감사합니다. 그리고 죄송해요. 다신 안 그러
      겠습니다. 수업 계속해 주실 거죠?

저승사자   너 같은 놈은 언제든지 이 낫으로 두 동강 낼
      수 있다는 걸 알아라. 버릇없이 굴면 두 동강
      낸다. 까불어도 두 동강 낸다. 내 심기를 거슬
      리게 하면 두 동강보다 더한 걸 해 주마!

해직   네, 죄송합니다.

저승사자   다시 수업을 시작한다. 어디까지 했지?
      아 놔! 이 자식! 너 때문에 내가!

저승사자는 해직의 머리를 연거푸 쥐어박았다.

해직　악. 죄송해요. 다신 안 그런다고 했잖아요!

저승사자　했.잖.아.요?

저승사자는 더 세게 쥐어박기 시작했다.

해직　죄송해요! 다신 안 그럴게요!

저승사자는 이제야 분이 풀린 듯 손가락을 튕겨 의자를 불러냈다. 자연스럽게 앉은 저승사자는 말을 이었다.

저승사자　다시 수업을 시작한다. 넌 무릎 꿇고 들어! 질문은 언제든 허락하마!

해직은 반쯤 죽어가는 얼굴로 일어나 무릎을 꿇고 앉았다.

해직　네, 알겠습니다. 헤헤.

저승사자　자식이 또 웃기는~

해직　귀하신 수업을 계속해 주옵소서.

이 세계는 어떻게 만들어졌을까?

저승사자 너희 인간들은 원래 가지고 있음에도 잊어버리고 새롭게 발견한 듯이 말하는 것들이 있다. 좀 전에 보았듯이 네 스스로 같은 상황을 만들었고 거기서 뭔가를 배우고자 했었다. 그러나 넌 배움을 선택하지 않고 똑같은 선택을 했다. 그럼 너에겐 또다시 그 상황이 주어질 것이다. 이건 이해됐느냐?

해직 네, 이해했습니다.

저승사자 이제 왜 그런 작용이 생기는지 알려 주지. 이 세상은 모두 연결되어 있다. 너희 눈에는 그것들이 전혀 이해가 되지 않을 것이다. 눈에 보이지 않으니까. 하지만 가만히 생각해 봐라. 빅뱅이 일어나서 이 세상이 만들어졌을 때 지금의 모든 물질을 이루는 분자들이 탄생했다. 그 분자들로 이루어진 것이 너희이고 너희를 둘러싼 모든 물질이다. 그 물질들 안에는 같은 분자들이 들어 있다. 너희 인간은 70퍼센트가 물로 이루어져 있다. 그 외 산소, 탄소, 질소, 수소로 이루어져 있다. 나무는 어떨까? 나무도 산소, 탄소, 질소, 수소와 물로 만들어져 있다. 서로 아주 살짝 다를 뿐 구성 요소를 이루는 원소는 같다. 그런데도 너희는 너희 자체를 개별로 인식해 버린다. 모두가 상호 의존하고 있는데도 말이지. 거기서 모든 인간 세상의 오류가 발생한다.

해직 나무와 제가 하나라는 게 진짜인가요? 그럼 제가 느끼는 것을 나무도 느낄 수 있나요?

저승사자 지금까지 네가 겪은 경험으로는 이해하기 힘들다는 걸 안다. 하지만 사실이다. 원소가 같은데 왜 다르다고 볼까? A 지점에 있는 탄소와 1,000킬로미터 떨어진 B 지점에 있는 탄소가 다른가? A 지점에 있는 탄소는 A 탄소라 부르고 B 지점에 있는 탄소는 B 탄소라 부른다면 수도 없이 많은 서로 다른 탄소가 있어야 하지만 그렇지 않다. 거기 있는 탄소도 탄소이고 저기 있는 탄소도 탄소이다. 너의 몸에 있는 탄소도 탄소이고 나무에 있는 탄소도 탄소이다. 따라서 네가 느끼는 걸 나무도 당연히 느낄 수 있다.

해직 아직 이해가 가질 않아요. 원소가 같은 건 알겠지만 어떻게 서로 다른데 같이 느낄 수 있는 거죠?

저승사자 원소의 구성 성분을 너희 인간 세상 과학자들이 잘 밝혀냈지. 원소는 원자로 구성되어 있고 원자는 핵이 있고 그 주변에 전자가 돌고 있다. 핵 안에는 양성자와 중성자가 있는데… 이건 어차피 말해 줘도 어렵게만 느낄 테니 여기선 그냥 핵과 전자가 있다고 보자. 핵은 양의 전하를 띠고 핵 주변을 도는 전자는 음의 전하를 띤다. 그런데 그 전자는 다른 원소의 핵 주변에도 존재한다. 전자는 원자 간을 매우 자유롭게 이동하지. 또한 여러 상태로 동시에 존재할 수 있다. 따라서 그 전자들이 모든 공간에서 서로 공유한다.

해직 전자의 움직임은 알겠어요. 그런데 제가 나무와 접촉하지 않았는데도 가능한가요?

저승사자 너와 나무 사이에 수많은 원소들이 가득 차 있는 걸 아직도 모르겠냐?

해직 네? 뭐가 있는데요?

저승사자 정말 멍청하군. 멍청해! 너와 나무 사이엔 공기가 가득 차 있다. 그러니 숨을 쉴 수 있었던 것이고. 그 공기는 무엇으로 구성되어 있냐? 대부분 질소와 산소로 구성되어 있다. 그들도 원소다. 원소는 전자를 가지고 있지. 너의 숨으로 이미 공기와 연결되고 그 연결들이 나무로 당연히 이어지겠지!

해직 와… 저 이해됐어요. 그래도 첫 교시부터 멍청하다고 하지 말아 주세요…

저승사자 그래, 멍청하다는 표현은 심했는지도 모른다. 하지만 넌 멍청해! 그 말에 발끈하는 네 모습 또한 멍청하다. 스스로 멍청하다고 생각하지 않았다면 내가 하는 말 자체에 반응조차 하지 않았을 것이다. 알려 줄 게 너무 많은 놈이군.

해직 오? 스스로 멍청하다고 생각했기에 멍청하다는 상대의 말에 반응하는 거라고요? 아… 맞는 말씀이네요! 제자가 멍청함을 인정합니다. 그러니 많이 도와주세요.

저승사자 오호라, 이제 굽힐 줄 아는구먼? 방금은 매우 잘했다. 그 태도는 매우 좋다. 상대방의 말에 인정하는 것은 쉽지 않은 거야. 하지만 넌 그걸 했군.

그럼 수업을 이어서 하도록 하지. 이처럼 인간들도 마찬가지로 하나다. 네 기분이 좋지 않다는 걸 같은 공간에 있는 다른 사람이 느낄 수 있는 이유가 바로 여기에 있다. 넌 네 기분이 좋지 않다는 걸 공기로 내뿜고 있지. 물론 너는 표정에서 바로 드러나기 때문에 더욱 금방 알려지겠지만 말이야. 네 행동을 돌이켜 보자.

진짜 나와의 첫 만남은?

저승사자는 해직을 신비한 에너지로 다시 감쌌고 해직은 이내 통화하고 있는 살아 있는 과거의 자신을 볼 수 있었다.

> **해직** 오! 저네요? 또 제가 잘못 선택한 것이 있나요?
>
> **저승사자** 내가 알려 준 것을 떠올리면서 네 행동을 봐라.

살아 있는 해직은 전화기에 대고 언성을 높이며 싸우고 있었다. 그는 최근 휴대폰을 새로 장만했는데 구입 당시 점원이 제대로 알려 주지 않아 원하는 용량으로 선택하지 못해 컴플레인을 걸었다. 하지만 점원은 자기 책임이 아니고 제대로 말을 하지 않은 그의 잘못이라고 맞섰다. 전화를 끊으며 해직은 이렇게 말했다.

살아 있는 해직　아니 뭔 이런 싸가지 없는 인간이 있지?

전화를 끊는 찰나였고 점원은 그 말을 그대로 들었다. 점원이 그에게 전화를 다시 했고 싸움이 시작됐다.

해직　아… 원만하게 잘 풀린 걸로 기억하는데… 저렇게 심하게 싸웠나?

저승사자　화를 주체하지 못해 손을 바들바들 떨고 있는 네 모습이 안 보이냐? 너는 통화를 끊고 나서 문득 옳은 행동을 한다. 끝까지 지켜봐라.

두 번째 전화가 끝난 뒤에 해직은 30분쯤 어떻게 하면 그 점원을 망하게 할지 고민하다 문득 이런 생각을 한다.

살아 있는 해직　'지금 내가 안 좋은 상황인데 왠지 이 사건으로 모든 게 엉망이 될 것 같은 느낌이야. 내가 잘못한 것도 있으니 먼저 사과하자.'

그는 전화를 다시 했지만 점원은 받지 않았다. 고민 끝에 문자로 정중한 사과 문자를 보냈다. 얼마 지나지 않아 점원에게 다시 전화가 왔고 서로 죄송하다며 화해를 했다. 결국 점원은 그가 원하던 용량으로 휴대폰을 교체해 주기로 했다.

저승사자 너는 순간 우주의 순환을 느낀 것이다. 인과
는 너희 세상에 정확히 적용된다. 이는 하나
이기 때문에 생기는 결과다. 결국 너는 이득
을 얻었지. 먼저 사과한 결과이지. 만약 네가
저 행동을 하지 않았다면 네 생각처럼 인과
에 휩쓸려서 분명 어딘가에서 너의 경제적인
부분이나 인간관계가, 혹은 눈에 보이지 않는
어떤 것들이 틀어지기 시작했을 것이다. 상대
방을 망하게 하려고 생각하는 것은 자신을 망
하게 하려는 것과 같기 때문이다. 상대를 향
한 감정은 대상에게 전달되지 않고 네 안에서
쌓이기 시작한다. 즉, 감정은 상대를 향하는
것 같지만 너를 향해 있다. 부정적인 감정은
빨리 풀어 줘야 네 안에서 활동하지 않는다.
이걸 넌 용케 빨리 풀었다.

해직 내 감정을 내 안에서 풀어야 한다는 거군요.
그런데 어떻게 풀죠? 저 때는 뭔가 느낌이 왔
는데, 다른 때는 어떻게 하나요?

저승사자 방금 말했듯이 상대에게 부정적인 감정을 느

끼는 것은 자신에게 부정적인 감정을 느끼는 것과 같지. 따라서 그 부정적인 감정이 생기는 곳을 살펴봐야 한다. 왜 생기고 있는가를 분석하려 하지 말고 그 생각이 일어나는 곳을 바라본다고 생각해 봐라. 쉽게 말하면 그 생각에 대고 인사를 한번 해 봐라. 안녕이라고. 그럼 그 생각이 줄어드는 걸 느낄 수 있다.

해직은 떠오르는 생각에 대고 안녕이라고 해 보았다.

해직 오! 진짜 그러네요? 이건 왜 그런 거예요? 내 안에 두 명이 있는 거예요? 와 신기하네. 그래도 순간 또 다른 생각들이 떠오르기 시작하는데요. 모두 안녕이라고 하기엔 갑자기 너무 많은 생각들이 한 번에 떠올랐어요. 안녕을 끝없이 해야겠는데요…

저승사자 그건 생각이 처음으로 자신을 들켰기에 하는 저항이다. 계속 연습하다 보면 하나의 생각이 없어진 뒤에 다른 생각이 피어오르는 시점이 길어지기 시작한다. 이때 머릿속이 텅 빈 느낌이 날 것이다. 이때가 온전한 네가 되는 순

간이다. 그리고 네 안에 있는 신이 발현하는
순간이다.

해직 생각을 텅 비우는 것까지는 알겠는데, 갑자기
온전한 나와 내 안의 신은 뭐예요… 진도가
너무 빠릅니다, 스승님.

저승사자 인간 세상에 예수가 나타나 이렇게 말했지.
"너희 안에서 행하시는 이는 하느님이시니."
네 안에는 이미 신이 들어 있다. 그것이 온전
한 너이다.

해직 네에? 제가 신이라고요?

저승사자 그렇다.

해직 신 밑에 저승사자가 있는 거죠? 크흐흐.

저승사자 무슨 말을 할지 눈에 훤히 보이는데 너는 아
직 신이 아니다. 낫으로 갈라 줄까? 영원히 신
이 되지 못하도록?

해직 아… 아닙니다…

해직 '내가 신이 되면 저 저승사자 놈을 아주 갈아
마셔…'

저승사자 들린다?

해직 네? 속으로 생각한 게 들린다고요?

저승사자 너무 뻔해서 들린다. 넌 멍청이니까.

해직　쳇…

저승사자　너희 인간 세상은 모두 너희가 만들었다고 볼
수 있다. 그리고 네 안에 있는 신은 네 성장을
바란다. 너의 성장을 위해 너에게 계속 같은
일을 보여 주는 것도 신이 하는 일이다. 음…
여기로 가면 더 잘 이해할 수 있겠군. 거울의
방으로 가자.

또다시 에너지가 해직과 저승사자를 감싸더니 거울이 가득
한 방이 나왔다.

거울방 수업 (1)
―현실은 나를 어떻게 비추는가

거울이 가득한 방에 들어간 해직은 오싹한 기분이 들었다. 모든 거울이 해직을 비추고 있었고 저마다 다른 감정을 띤 것처럼 보였다.

> **저승사자** 저 거울들은 너를 표현하고 있지만 너를 해치지는 못한다. 그리고 너는 이미 죽었잖아? 그러니 무서워하지 않아도 된다.
>
> **해직** 그래도 오싹하네요. 저 거울은 제 얼굴과 몸을 하고 저를 죽일 듯이 쳐다보고 있어요!
>
> **저승사자** 지금 너의 마음을 반영하는 모든 형태가 거울에 비춰진 것이다. 아마 저 죽일 듯이 쳐다보고 있는 것은 나를 향한 거겠지?

저승사자는 해직을 세게 쥐어박았다.

해직 악! 저 그런 적 없어요. 왜 생사람 잡아요!

저승사자 저 거울이 변한 걸 봐라. 이래도 생사람이냐?

죽일 듯이 노려보고 있던 거울 속 해직이 무서워하는 표정이 되었다.

해직 아… 그래도 제가 미처 느끼지도 못한 걸 가지고 그러시면 억울합니다!

저승사자 넌 이미 느꼈는데 네가 인지를 하지 못했을 뿐이다. 이렇게 너의 마음 안에는 수도 없이 많은 네가 자리 잡혀 있다. 이들의 감정은 천차만별이지. 이들의 감정이 결국 너를 향해 있는 게 보이느냐? 거울들은 나를 보지 않는다. 너를 보고 있다.

거울들은 해직이 움직이는 방향으로 움직였다. 거울 속의 눈동자도 해직에 따라 움직이는 게 보였다.

해직 내가 가진 모든 감정이 나를 향해 있는 게 완전히 느껴집니다. 꼭 해리 포터 기숙사 계단 초상화처럼 따라다니네요.

저승사자 그럼 이제 하나씩 풀어 보기로 할까? 그럼 거울 속이 비어질 것이다. 가장 만만한 감정 상태를 가진 거울을 하나 골라서 풀어보자. 음… 이게 좋겠군. 불안이라는 감정을 가지고 있는 놈이다. 푸는 방법을 먼저 알려 주진 않겠다. 먼저 거울과 대화해 봐라.

해직 네, 알겠어요. 아… 안녕?

불안한 해직 안녕은 무슨 죽을 놈의 안녕이야? 지금 불안해서 살 수가 없어. 저 저승사자 놈과의 여행이 끝나면 진짜 심판대에 오르는 거잖아. 그럼 어릴 때 재미로 잠자리 날개를 뜯은 거 하며 친구의 호의를 놀림감으로 만들었던 거, 할아버지 할머니에게 못했던 일들, 엄마에게 못되게 굴었던 일들, 형을 무시하고 사람 취급도 안 했던 일들… 네가 전처를 속으로 얼마나 욕했는지 알고 있지? 지금 여자 친구도 그렇고, 넌 네 주변에 있는 모든 사람을 욕했잖아. 일부러 사이 나빠지게 만든 적도 있고. 이런 일들이 모두 밝혀질 거 아냐! 거기다 넌 어릴 때 산불도 냈잖아! 그때 경찰차와 소방차가 출동했던 거 기억 안 나?

해직 아…

해직은 불안한 해직이 말하는 지난 일이 모두 기억나기 시작했다. 쥐구멍에 숨고 싶을 정도로 창피해 더 이상 거울이 말을 하지 않았으면 좋겠다고 생각했다.

해직 그… 그만…

불안한 해직 뭘 그만이야? 네가 했던 나쁜 짓들은 내가 말한 거 말고도 훨씬 많아! 넌 분명 지옥에 갈 거야! 네가 가면 나도 가잖아! 그런데 어떻게 불안하지 않을 수 있겠어?

해직은 지옥에 갈 것 같다는 생각이 들었다. 만약 윤회가 있다면 죄를 지은 만큼 나쁜 환경에서 다시 태어나게 될 것 같았다.

불안한 해직 거봐, 너도 느끼고 있지? 넌 분명 팔다리 혹은 뇌 없이 태어나거나 살인자가 될 거라고! 감당할 수 있겠어?

해직은 말없이 생각에 잠겼다. 불안한 해직은 거울 속에서 쉬지 않고 퍼붓고 있었다. 불안한 해직의 말이 거의 끝나 갈 무렵 해직은 거울 속의 해직에게 말했다.

해직 미안해. 용서해 줘.

그 말을 듣자 거울 속의 불안한 해직이 진정된 것 같았다.

해직 너는 나이고 나는 너잖아. 널 계속 몰라줘서 미안해. 우리는 하나인데 내가 계속 널 밀어 냈어. 용서해 줘.

거울 속 해직은 말없이 해직을 보다가 거울 속에서 사라졌다. 갑자기 마음속 불안이 없어지고 빈 공간이 느껴졌다.

저승사자 오? 웬일이냐? 멍청이치고는 훌륭했다. 그거다. 안녕으로 해결되지 않을 때는 충분히 느낀 뒤에 안아 주는 거다. 만약 네가 "사랑해, 그리고 고마워"라고 했으면 더 좋았다.

해직은 홀가분하고 기분 좋은 상태로 저승사자의 말을 들었다. 불안한 해직이 사라진 자리에 대고 말했다.

해직 사랑해, 그리고 고마워.

순간 거울방에 있는 모든 거울에서 해직들이 모습을 감추었다. 텅 빈 거울만 남았다.

해직 저, 지금 몸이 날아갈 것 같은 느낌이에요. 머리가 개운해요.

저승사자 그래, 그 상태를 느끼는 것이 중요하다. 스스로를 정화하는 거지. 인간들은 외부 사건을 정화해야 한다고 생각하지만 정화할 것은 오로지 내부뿐이다. 그리고 그때가 바로 네 안의 신이 너를 통해 발현될 수 있는 시간이다.

해직 무슨 말씀인지 알 것 같아요. 기분이 너무 좋아요. 정말 감사합니다.

저승사자 자, 그럼 이 방에서 또 다른 중요한 포인트를 이야기해 주지. 네가 상대에게 느끼는 감정이 모두 너를 향해 있다는 것은 말했다. 이제 네가 살아 있을 때 원했던 것들, 배우고 싶은 것들이 거울에 비춰지기 시작할 거다. 보아라.

거울은 수많은 장면이 비춰지는 모습으로 바뀌었다.

거울방 수업 (2)
—상대와 나는 같은 존재일까?

해직 와… 이건 제가 겪었던 일 같은데요?

저승사자 그래, 대부분 네가 겪었던 일이다. 네가 그 당
시에 무엇을 믿고 있었는지 확인하는 방법은
현실을 보는 것이다. 특히 타인을 통해 보는
것이지. 그러나 대부분 인간들은 그렇게 하지
않지. 그냥 무턱대고 싫어하거나 멀리한다.
여기 이 거울을 볼까?

거울 속에는 해직이 사무실에서 전화를 받고 있다. 해직은
어쩔 수 없이 거짓말을 한다.

거울 속 해직 아뇨 저희는 사무실에서 담배를 핀 적이 없어
요. 저희 아니에요. 네네.

거울 속 해직은 전화를 끊고 한숨을 내쉰다.

> **거울 속 해직** '대표가 핀 것을 내가 왜 거짓말로 감춰 줘야
> 해야 하는 거지? 너무 짜증 나.'

해직의 사무실 건물은 금연인데도 불구하고 대표는 그런 건 신경도 쓰지 않는다는 듯이 담배를 피웠다. 그 때문에 해직은 항의 전화에 항상 거짓말로 응대할 수밖에 없었다.

> **해직** 아… 기억나요. 아니 왜 담배를 아무 데서나
> 피우고 그러는 거야 대체. 그런데 이 거울을
> 보여 주는 이유가 있을까요?
>
> **저승사자** 네 마음 속에는 너 또한 아무 곳에서 아무 눈
> 치도 보지 않고 대표처럼 하고 싶다는 욕망이
> 있었다. 그런데 넌 용기가 없어서 못 했지. 그
> 래도 넌 하고 싶어 하니까 어쩔 수 없이 너의
> 눈앞에 보이는 것이다. 규범 따위는 전혀 고
> 려하지 않고 담배를 피우는 상황이. 저 대표
> 는 네가 원하는 것을 보여 주었다.
>
> **해직** 누구나 한 번쯤은 규범에서 벗어나 자유로워
> 지고 싶지 않나요? 나도 하고 싶다는 생각이

들었지만 '아냐, 그러면 다른 사람에게 피해가 갈 거야'라며 하지 않았어요.

저승사자 그래, 너의 내면에는 두 가지가 공존하고 있었던 거지. 아까 봤듯이 너의 내면엔 수많은 네가 존재한다. 하지만 그들을 하나로 묶어서 봐도 된다. 그들을 '자아'라고 통칭할 수 있다. 영어로는 에고Ego이지. 이 자아는 네가 이 세상에 태어나면서 스스로 만든 것이다. 순수한 영혼과 자아, 이렇게 둘이 너를 운영한다고 볼 수 있지. 하지만 대부분은 자아만 있다고 착각한다. 네가 보았듯이 자아는 수많은 모습을 하고 있다.

해직 지금 다른 수업으로 넘어가신 것 같은데요?

저승사자 아니다. 이 개념을 먼저 알아야 네 궁금증을 해소할 수 있다.

해직 앗! 제가 또 실수를…

저승사자 이번은 괜찮다. 배우고자 하는 열의가 보였으니 넘어가 주마. 순수한 영혼과 자아가 육신을 가진 너를 운영하고 있다. 그럼 너의 내면에는 누가 공간을 더 많이 차지하고 있을까?

해직 자아는 본인을 복제하는 능력이 있는 것 같아요. 아까 거울에서도 정말 셀 수 없을 정도였으니까요. 그래서 답은 자아입니다.

저승사자 그렇다. 대부분 자아가 내면 공간의 대부분을 차지하고 있다. 예수, 붓다, 노자 같은 사람을 제외하고는 그렇지. 그들은 순수한 영혼이 더 많이 차지하고 있다. 순수한 영혼은 에너지를 훨씬 많이 발산한다. 그래서 그들 주변에만 가도 분위기가 좋아지고 사람들의 마음이 평온해지는 거지.

해직 앗 이번엔 정말 다른 수업 같은데요?

저승사자 그래, 인정하마. 솔직히 모두 한 번에 일어나는 일이기에 하나씩 떼어서 가르쳐 주기 어려울 때가 있다. 멍청한 너를 위해 내가 친절을 베풀고 있다는 걸 명심해라!

해직 네, 감사합니다. 더 알려 주세요.

저승사자 자아가 대부분의 공간을 차지하면 어떻게 될까? 시도 때도 없이 남 탓을 하고 감정을 다스리지 못한다. 그러면서 원하는 것은 이런 게 아니라며 자신을 싫어하기 시작하지. 이때 원하는 것과 현실로 보이는 것 사이에 괴리감이 느껴지기 시작한다. 원하는 것을 못 하고 있으니 답답한 나머지 내면에 잘 안 보이는 곳으로 멀리 치워 둔다. 그리고 거기에 계속해서 차곡차곡 쌓아 두지. 거기가 무의식이다. 무의식에 순수한 영혼이 있을 것 같지만 꼭 그렇지 않다. 순수한 영혼은 의식이건 무의식이건 그저 지켜만 볼 뿐이다. 무의식에 저장되어 있는 것은 결국 표출되게 되어 있다. 그렇게 상대방을 통해 듣거나 보게 되는 것이지.

해직 그러니까 자아가 이루지 못한 소망을 치워 둔 곳이 무의식이고, 무의식에 쌓여 있는 것은 상대방을 통해 표출된다는 거군요. 이해가 될 것 같으면서 되지 않아요.

저승사자 너는 규범에 얽매이지 않는 걸 용기라고 생각했다. 그런데 자라면서 그건 용기가 아니라 타인에게 피해라고도 생각했다. 용기 있는 사람이라는 생각은 무의식에, 타인에게 피해라는 판단은 의식에 저장되었다. 의식이 있으니 남에게 피해를 끼치지 않으려 한다. 하지만 무의식은 용기 있다고 생각한다.

해직 저는 규범에 얽매이지 않고 마음대로 행동하는 걸 용기라고 생각한 적 없는데요?

저승사자는 낫을 치켜들고 에너지를 불렀다. 순식간에 해직의 사춘기 시절로 넘어갔다. 해직의 중학교 시절이 나왔다.

> **중학생 해직** '나이가 어린데 담배를 피우는 것 자체가 되게 멋있어 보인단 말이지!'

중학생 해직은 친구들과 어울리며 담배를 피우기 시작했다. 저승사자는 또다시 신비한 에너지를 불렀고 고등학생 해직이 나왔다.

> **고등학생 해직** '나는 이제 수능을 봤으니까 교복을 입고 피워도 상관없지! 더 멋있어 보일 거야!'

해직은 학교 가는 버스를 기다리는 정류장에서 교복을 입고 담배를 피우고 있다.

> **해직** 악! 대표가 하는 짓이랑 똑같네!
>
> **저승사자** 이제 알겠느냐? 너는 아무 신경도 쓰지 않고 똑같이 담배를 피웠다. 하지만 성인이 되면서 그러지 말아야 한다고 생각했지. 그래서 무의식에 숨겨 놓았다. 하지만 숨긴다고 숨겨지는

가? 결국 나오게 되어 있다. 그건 상대방을 통해서 나온다. 그럼 여기서 궁금한 것이 생길 거다. 물어봐라.

해직 맞아요! 상대방을 통해 나온다면 저는 어떻게 행동해야 하나요?

저승사자 수준이 좀 올라왔나 생각했는데 그게 아니었군. 상대방을 통해 나온 것은 무의식에서 나온 것이라고 했지? 그건 네가 알고 있기에 보이는 것이다. 네가 모르면 보이지도 않는다. 상대방이 설사 그런 행동을 했더라도 너에게 그것이 작용하지 않는다는 말이지.

해직 알기 때문에 나 스스로 작용하고 있다… 조금 이해가 되기 시작했어요. 하지만 그렇게 아무 데서나 담배를 피우는 건 규범에 어긋나는 게 맞지 않나요?

저승사자 규범에 어긋나는 것은 맞다. 그런데 만약 네가 어릴 때 저 경험이 없었다면 대표가 담배를 피우는 것이 눈에 보였을까?

해직 저렇게 대놓고 피는데 어떻게 안 보여요?

저승사자는 전화를 받던 해직이 있는 사무실로 해직을 다시 데려갔다.

> **저승사자** 저기 네 사수를 보아라. 동료들이 담배를 피워도 그는 피지 않는다. 그리고 담배를 피우는 것이 멋있다거나 규범을 어기는 것이 용기있다고 생각하지 않는다. 그가 대표를 바라보는 방식은 전혀 다르다.

해직은 사수를 유심히 쳐다봤다. 대표가 담배를 피워도 그는 전혀 신경 쓰지 않았다. 그가 규범을 어기는 것에 대해서도 스트레스를 받지 않았다.

> **저승사자** 네가 생각하는 것이 전부가 아니다. 장미 한 송이를 봐도 모든 사람이 다르게 생각한다.
> **해직** 아니, 잠깐만요. 우리 모두는 하나라면서요. 그런데 왜 다르죠?
> **저승사자** 하나에서 출발했지만 하나를 이루기 위해서 모두가 다른 경험을 하도록 되어 있다. 그 경험들이 쌓이면서 다시 모두 하나가 되지.
> **해직** 으음… 이해가 될 것 같아요.
> **저승사자** 지금 당장 모든 걸 이해하려 하지 않아도 된

다. 그저 보고 느끼기만 하라.

해직 오? 좀 부드러워지셨는데요?

저승사자 이제 다시 원래 있던 곳으로 간다!

해직 가기 전에 잠깐만요! 첫 수업에서 내 무의식이 나를 사랑해서 성장하라고 같은 걸 보여준다고 하셨잖아요? 그런데 지금 말씀하시는 무의식은 그 무의식과 다른 건가요?

저승사자 제법 날카로운 질문이구나. 잘했다. 처음 말했던 무의식은 사실 너의 내면의 신에 대해서 말한 거다. 처음부터 내면의 신을 이야기하면 네가 절대 이해하지 못할 것 같아 무의식이라 표현한 것뿐이다.

2부

영신과 에고

인생 시뮬레이션 게임?

서기 3127년, 사람들은 나와 너 구분 없이 모두가 전체라는 사실을 깨닫는다. 그래서 세상에는 전쟁도 없고 질병도 없다. 모든 생각이 현실로 이뤄질 수 있다는 것 또한 모두가 안다. 모두가 신이고 서로를 존중하는 이상적인 사회다.

언젠가부터 영신은 잠에서 깨어날 때마다 조용하고 아무것도 없는 이 방에 싫증을 느꼈다. 밖으로 나가도 고요히 자연의 소리만 흐른다. 인위적으로 만든 것도 아닌 진정한 자연의 소리인데 싫었다. 그런 마음을 동료들과 이야기했다. 그러나 동료들은 싫증에 대한 감정을 제대로 이해하지 못하는 듯했다. 영신은 어느 날 갑자기 자기만 느끼는 이 알 수 없는 감정이 매우 불쾌했다. 그러나 이 세계 사람들은 그런 감정 따위는 금방 상쇄됨을 알고 있다. 그리고 자신과 모두에게 좋지 못한 감정임을 알기에 모두들 규칙을 지켜 감정을 상쇄시키고 있었다. 만약 상쇄가 잘 안되면 과학의 힘을 빌리기도 했다. 진공 상태에서는 입자와 반입자가 서로 1과 -1을 그리며 계속해서 0을 만들어 낸다. 그 성질을 이용하여 감정을 상쇄시키는 기계가 집집마다 있었다.

영신도 감정 상쇄 기계를 사용했지만 언젠가부터 불쾌감이 은근히 쾌감으로 느껴져 사용하지 않고 있었다. 영신은 부정적 감정에 대해 더 궁금해졌다. 이 부정적 감정들이 나를 어떻게 변화시킬까? 그래서 찾아온 곳이 시뮬레이션 게임장이었다. 이곳은 영신과 같이 느끼고 싶은 사람들이 암암리에 모여드는 곳이었다. 게임을 실컷 즐기고서 집에 가 감정상쇄기만 작동시키면 내면에서 모든 게 원점으로 돌아오고 평온을 유지할 수 있기 때문이었다. 그러나 영신은 부정적 감정이 무엇인지 온전히 느끼고 싶었다.

진석   처음 오셨죠? 이쪽으로 안내해 드릴게요.
영신   아… 네.

영신은 시뮬레이션 게임이 작동되는 화면들을 볼 수 있었다. 아마도 보통 사람이라면 그 장면에 아무 반응이 없었을 것이다. 그러나 영신은 자신이 그 화면에 엄청나게 반응하는 것을 느끼고 있었다. 이런 모습을 보이면 안 될 것 같아 태연한 척 애써 숨기며 안내해 준 자리에 앉았다.

영신과 예고

진석 괜찮아요. 그럴 수 있어요. 여기 오신 다른 분
들보다 훨씬 더 즐길 수 있으실 것 같네요.

영신 아… 네. 뭐… 감사합니다.

안내자는 영신의 감정을 빠르게 알아차렸다. 이 세계에서 감
정은 개개인이 아닌 전체이기에 그대로 상대방에게 전해진
다. 그래서 너무 큰 감정을 느끼는 것은 예의가 아니었다. 상
대방에게 그대로 에너지를 흘려버리게 되기 때문이다.

영신 제가 실수했군요. 죄송합니다. 용서를 구합니
다. 사랑하며 감사합니다.

이 세계의 용서를 구하는 방식은 잘못 인정과 사과, 에너지
정화까지 모두 마쳐야 한다.

진석 말씀드렸듯이 괜찮습니다. 아주 자연스러운
거예요.

영신은 어리둥절했다. 보통 그런 에너지를 상대방에게 전하
고 스스로 정화를 못할 것 같으면 감정상쇄기를 통해 0으로
만들어야 한다. 그게 이 세계의 법이자 예의였다. 그런데 이

사람은 그런 에너지가 자연스러운 거라고 한다.

진석 저는 한눈에 알아봤어요. 감정상쇄기를 사용하지 않고 계시죠?

영신 네. 이 감정들을 그대로 느끼고 싶어서요.

진석 어느 날 갑자기 그러고 싶으셨죠?

영신 네, 맞아요. 그쪽도 그러셨나요?

진석 아, 제 소개를 안 했군요. 저는 이 게임장을 운영하는 진석입니다. 고객님 성함을 알려 주시겠어요?

영신 저는 영신입니다.

이 세계에서 이름은 사실상 필요가 없다. 이름 자체가 개인과 전체를 가르는 장치라는 걸 알기 때문이다. 이름은 그저 우리가 인간이었다는 걸 잊지 않기 위한 전통일 뿐이다. 그러니 영신은 통성명을 하는 진석이 의아했다.

영신 뭔가 이 세계에 사시는 분 같지 않으시네요.

진석 시뮬레이션 게임을 해 보시면 제가 왜 이러는지 알게 되실 겁니다. 게임은 매우 쉽습니다. 감정상쇄기와 유사해요. 우리가 전체라는 걸 깨닫지 못했던 시대가 무대입니다. 게임하기 전에 본인이 본인인 것을 잊을 것인가, 아니면 알고 시작할 것인가를 결정합니다. 대부분 온전한 체험을 위해 잊는 걸 선택하죠. 우리 세계의 영적 발전을 알고 게임에 임하면 신이 된 우월감을 느낄 수 있습니다. 그러나 여긴 신이 흔한 곳이잖아요.

영신 온전하게 인간을 체험할 수 있다는 것이 너무 매력적이네요. 이런 감정을 느끼는 것이 얼마만인지 모르겠습니다. 이 세계는 너무 평온해요. 언젠가부터 그것에 싫증이 났죠. 친구들은 이해하지 못했는데 진석 님은 이해하고 계시는 것 같네요.

진석 네. 저는 이해합니다. 그럼 시작해 보시겠어요? 본인을 잊을 겁니까, 기억하실 겁니까?

영신 당연히 잊어야죠. 저는 온전한 체험을 원합니다.

진석 시간은 30분에서 한 시간 정도예요. 게임이 종료된 뒤에 감정상쇄기를 사용하실 수 있도록 옆에 둘게요.

영신 네, 감사합니다.

진석 그럼 이쪽에 앉고 편히 계세요. 곧 시작할 거
예요. 그리고 게임이 시작되면 본인을 잊을
것인가 아닌가를 마지막으로 묻습니다. 잘 선
택하세요.

영신 네, 시작해 주세요.

에너지가 급속하게 인위적으로 빠르게 진행되는 것이 보인
다. 이런 인위적인 에너지를 생성하게 되면 반대급부로 다른
에너지가 생성될 텐데 괜찮을까? 하는 생각을 하며 영신은
게임에 점점 동화되어 간다.

안내 본인을 잊고 시작하시겠습니까? 알고 시작하
시겠습니까?

영신 잊겠습니다.

아주 하얀 빛이 눈을 강타하면서 아무것도 보이지 않게 되
었다. 약 10초 정도 흘렀을까? 자신이 있던 세계에서는 들을
수 없던 사람들이 분주하게 다니는 소리가 들리기 시작했고
도구들이 부딪히는 소리도 들렸다. 그리고 아기가 우는 소리
가 들리는데 그것이 자신인 줄 영신은 깨닫지 못한다.

보이지 않는 에너지장과 내면의 신

해직과 저승사자는 처음 장소로 돌아왔다.

해직 인간 세계를 모두 볼 수 있는 곳으로 다시 돌아왔네요?

저승사자 이 거울들을 통해 사람들을 들여다봐라. 무채색의 에너지장이 흐르는 사람도 있고 무지개색의 에너지장이 흐르는 사람도 있는 걸 볼 수 있다. 보이느냐?

해직 네, 보여요. 죽으니까 이런 것도 보네요. 좋은 구경인 걸요? 저 에너지장들은 뭐예요?

저승사자 먼저 무채색의 에너지장을 뿜어내는 사람을 확대해 보자. 표정이 보일 것이다.

해직 으악 뭐야! 저게 사람 표정이에요? 저런 표정은 처음 봐요. 눈에 초점도 없고 이미 죽은 사람 같아요.

저승사자 그럼 이번엔 무지개색 에너지장을 뿜어내는 사람을 확대해서 봐라.

해직 이 여자 너무 예쁜데요? 제 스타일입니다~ 자기야 미안해. 하지만 난 이미 죽었잖아.

저승사자 사내놈들은 이래서 안 돼… 무지개색을 띠는 사람의 표정은 네가 보았듯이 매우 좋다. 그리고 축소해서 전체적으로 어떤 색의 에너지장이 많은지 봐라.

해직 아… 이런. 무지개색은 매우 적네요. 대부분이 무채색이에요. 어? 지금 무지개색이 더 줄어든 것 같은데요?

저승사자 이 에너지장들은 하루에도 수십 번 바뀌기도 한다. 그리고 이곳에 그 에너지장의 흐름들이 모두 모이기 시작한다. 주위를 둘러봐라.

해직은 말없이 주위를 둘러보았다.

해직 여기가 원래 회색빛을 띠는 공간인 것이 아니라 무채색 에너지장들이 흘러 들어와서 이런 색깔을 띠는 건가요?

저승사자 그래, 맞다. 이 공간마저 너희 인간들이 만들고 있다는 걸 너희는 모르지. 인간의 삶과 의식은 지구의 삶과 본질적으로 하나이기 때문이다.

해직 와… 이건 사후에만 알 수 있는 거네요.

저승사자 그게 정말 안타까운 부분이다. 너희는 현실 세계에서도 그걸 충분히 알 수 있다. 심지어 너희 인간 세계의 한 대학교수는 그 에너지장을 볼 수 있는 카메라를 만들었는데도 말이지. 그 중요한 걸 아무도 모르고 있다.

해직 그 정도로 중요한 거면 뉴스에 나오지 않았을까요? 그럼 모를 리 없었을 텐데 말이죠.

저승사자 아까도 말했듯이 너희 인간은 아는 것만 보려 한다. 그러니 뉴스에 나왔더라도 알지 못하는 것이니 보지 못했겠지. 그리고 대부분의 사람들이 그 카메라를 믿지 않았을지도 모르지.

해직 너무 안타깝네요. 살아서 에너지장을 볼 수 있다면 세상은 매우 달라졌을 텐데 말이죠.

저승사자 그래, 그럼 여기도 모두 무지개색으로 채워져 있겠지. 하지만 어쩔 수 없다. 인간은 눈에 보이는 것만 믿으니까. 눈에 보이지 않는 것을 믿게 될 때 사람은 변할 수 있다. 모든 건 우주의 리듬 안에 있다. 그 리듬을 타는 사람은 보이지 않는 걸 믿게 되고 모든 걸 가질 수 있다는 확신을 얻는다. 왜냐하면 자기가 하는 것이 아니라 자기 안에 있는 신이 모든 걸 하는 것을 알기 때문이지. 신이 하는데 의심의 여지가 있겠냐? 자 그럼 에너지장에 대해 설명해 주지. 에너지장은…

해직 말씀 중에 죄송한데, 에너지장보다 내면의 신이 더 궁금해요.

저승사자 열의는 좋다만 말을 끊는 건 괘씸한데?

해직 아앗! 죄송합니다. 조용히 하고 들을게요.

저승사자 에너지장을 먼저 알아야 넌 이해할 수 있을 거다. 에너지장은 총 5단계로 되어 있다. 첫 번째는 너의 육신의 공간, 두 번째는 육신 바깥에 있는 감정의 공간, 세 번째는 감정의 공간 바깥에 생각의 공간, 네 번째는 생각의 공간 바깥에 영혼의 공간, 다섯 번째는 영혼의 공간 바깥에 신의 공간이다. 그리고 각각의 에너지는 주파수가 다르다. 카메라로 찍으면 층을 이루는 것이 그 때문이지. 이 공간들은

영신과 에고

더 큰 공간의 움직임에 영향 받는다. 즉, 육신은 감정에, 감정은 생각에, 생각은 영혼에, 영혼은 신의 움직임에 영향 받는다. 이렇게 보면 마치 외부에 신이 있는 것처럼 보이지만 그건 또 아니다. 여기서 잠깐, 너는 기도를 해 본 적이 있는가?

해직 어렸을 때는 했어요. 자라면서 신을 믿지 않아서 하지 않았던 것 같아요.

저승사자 기도를 할 때 외부에 존재할지도 모르는 신에게 빌었겠지?

해직 그… 그렇죠? 신은 음… 아… 뭐지? 내면에 있다고 하셨지만 지금까지도 저는 신이 외부에 있다고 생각했어요.

저승사자 그래. 그래서 기도가 쓸모 없다. 외부의 있지도 않은 신에게 간청해도 그 신은 움직이지 않는다. 애초에 신은 네 안에 있으니까. 기도는 내부의 신에게 하는 것이다. 따라서 명상이 가장 좋다. 아! 그러고 보니 넌 명상을 하다가 죽었군?

해직 좋은 걸 하다가 죽은 꼴이 되었네요…

저승사자 슬퍼하지 마라. 죽음은 끝이 아니니까. 이는 다음에 말해 주기로 하고, 기도에 대해서는 이해가 되었느냐?

해직 네, 됐습니다.

저승사자 계속 왔다 갔다 하는 것처럼 보이겠지만 어쩔 수 없다, 이를 전부 이해하려면. 그럼 에너지장의 다섯 번째 신의 공간에 대해서 보면 신이 외부에 있는 것처럼 보인다. 그렇지?

해직 네, 그렇죠…

저승사자 신은 어디에나 있다고 한다면?

해직 아! 모든 사물, 사람이 하나이고 그 내면에 신이 있다면 어느 공간이든 신이 있다는 말씀이신 거죠?

저승사자 그렇다. 그래서 에너지장이 외부로 뻗어 나가는 것처럼 보여도 외부가 아니라는 말을 하고 싶은 거다. 잘했다. 에너지장은 말했듯이 큰 공간이 작은 공간의 움직임을 관장한다. 그래서 모든 건 신이 하는 것이다. 그걸 막고 있는 것이 네 안에 있는 다른 하나의 자아이다. 음… 이제는 수업의 커리큘럼에 대해 말해줘야겠군. 얼추 설명이 되었으니 말이야. 너는 생각이 창조의 도구라는 것을 배우게 될 거고 그 다음 세상의 이치에 대해 배우게 될 거다.
그리고 죽음은 끝이 아니라는 것이 마지막 수
업이다.

해직 오? 드디어 커리큘럼이 나왔군요! 감사합니
다. 그런데 생물학 수업은요?

저승사자 생물학은 커리큘럼에 맞춰 틈틈이 알려 줄 것
이다. 네가 기억해야 할 것은 네 안에 두 명이
있다는 것과 에너지장의 존재, 그리고 모두
하나라는 사실이다. 기억하지 않으면 수업을
따라오기 힘들 것이다. 알겠지?

해직 넵! 알겠습니다! 명심할게요!

또 다른 나가 태어났다

영신은 본인이 본인인 것을 알고 있었다. 게임에선 분명히 잊을 것이라 했는데 그렇지 않았다. 게임이 끝나면 이 부분이 잘못되었다고 진석에게 알려 줘야겠다고 생각했다. 영신은 게임을 즐기기 위해 아무런 반응을 하지 않기로 했다. 아이가 다쳐도 넘어져도 상처를 받아도 그저 바라만 보았다. 개입을 하면 이 아이가 이 세계에서 신적 존재가 돼 버릴 수 있다. 영신은 아이가 인간이길 바랐다. 왜냐하면 영신은 인간 감정을 즐기러 왔으므로.

　아이를 보고 있는 내부 공간에 큰 두 개의 에너지가 뒤섞이는 것이 보였다. 이 에너지들은 아마 이성과 감정에 의한 에너지일 거라고 영신은 생각했다. 아이는 금세 자랐다. 두 살쯤 되었을 때, 영신이 아이를 지켜보는 장소에서 공기 중에 뭔가 종기 같은 것이 생기기 시작했다. 에너지들의 흐름으로 인해 생기는 것처럼 보였다. 영신은 그 종기에 대고 말을 하기 시작했다. 영신은 내가 사는 세계는 모두가 영적으로 깨어서 재미가 없다고 했다. 영신이 말을 할수록 종기는 더 커지고 점차 사람 모양이 되어갔다. 영신은 종기도 게임의 일종이라고 생각했다. 종기를 사람으로 키우는 번외 게임인 줄 알았다. 영신은 자기 세계에서 사람들이 지내는 방식, 영적으로 깨어나는 방식, 신이 되는 과정을 말해 주었다. 아이가 다섯 살쯤 되었을 때 그것은 영신과 같은 형태로 변해 있었다. 영신은 자신과 같은 형태로 변한 종기를 편의상 에고라 불렀다. 영신이 있던 세계에서는 사람들의 내면에 에고가 매우 희미하다. 이 시대는 에고가 사람들을 거의 지배하던 시기다. 그러니 영신은 종기의 이름으로 에고가 딱 들어맞는다고 생각했다. 영신은 에고와 친해졌다. 자신과 똑같이 생겼고 말도 잘 따라 주었기 때문이다. 그리고 영신이 가진 서기 3000년대의 사상을 에고는 금방 이해한 것처럼 보였다. 아이의 일생만 바라보기 적적했는데 오히려 잘됐다고 생각했다. 하지만 오판이었다는 걸 아이가 커 가면서 알게 되었다. 아이가 일곱 살쯤 되었을 때 에고는 혼자서 뭔가를 하고 있었다.

영신   에고야 뭐 해? 아이 안 지켜볼 거야?

에고   응, 잠깐만… 다 됐다!

영신 뭐가 다 됐어?

덜커덩하는 소리와 함께 영신은 알 수 없는 장벽이 생긴 것을 느꼈다.

예고 지금부터 나는 너를 가둘 거야. 넌 우리가 하나이고 사람들이 모두 전체라는 이유로 내가 하고 싶은 걸 하나도 못 하게 해. 나는 나야! 전체가 아니라고!

영신 뭐라고!? 잠깐…만!

순식간에 캡슐 같은 곳에 영신은 갇혔다. 더 이상 예고와 대화도 할 수 없을뿐더러 아이에게도 아무런 영향력을 행사할 수 없게 되었다. 물론 지금까지도 안 했지만 갇혀 있어 못 하는 것과 자유로운 상태에서 안 하는 것은 천지 차이였다. 영신은 도저히 이해할 수 없었다. 전체를 왜 부정하고 개인을 중시하는지 예고의 생각을 도무지 이해할 수 없었다.

영신 여길 나가려면 어떻게 해야 하지… 예고는 이걸 언제부터 준비했던 걸까… 내가 그렇게 마음에 들지 않았던 것일까… 이 게임은 전혀

게임 같지가 않군. 당장 그만둘 수 있는 버튼
도 없고… 아이가 늙어 죽을 때까지 기다릴
수밖에 없는 건가…

영신은 캡슐에서 나갈 방법을 찾든지 아니면 캡슐 안에서도
할 수 있는 걸 찾기로 했다. 그때 갑자기 에고가 나타나 말
했다.

> **에고** 아마 거기서 빠져나오긴 아주 힘들 거야. 이
> 아이는 지금부터 내가 관리할 거야. 내가 완
> 전히 장악하고 싶거든. 너와 나누기 싫단 말
> 이지. 그리고 아이가 보는 모든 것을 내 경험
> 으로 만들 거야. 내 경험을 위해 이 아이를 이
> 용할 수도 있지! 너무 재미있을 거 같지 않
> 아? 나는 이 세상이 처음이야. 못 해 본 모든
> 걸 해 볼 거야!

영신은 에고를 지긋이 바라보다 말을 이었다.

> **영신** 그래, 경험해 보는 것은 좋아. 단 아이가 옳은
> 선택을 할 수 있도록 도와주면 좋겠어. 전체

의 흐름을 유심히 보면서 신중하게 도와주길
바라.

에고 너는 항상 내가 모르는 것들을 말하고 있어!
전체가 아니라 나라고! 전체는 나와 분리되
어 있어! 보고도 몰라? 너와 나만 해도 이렇
게 분리되어 있잖아! 물리적으로 완전하게
분리되어 있다고. 하물며 다른 사람도 마찬
가지야. 이 아이의 부모를 예로 들어 볼까?
이 아이의 생각을 부모가 알 수 있을 것 같
아? 전혀 아냐! 그들은 아이가 무슨 생각을
하는지 전혀 모른다고! 그런데 DNA로 엮이
지도 않은 다른 사람들이 그걸 알 수 있을 것
같아? 너는 항상 전체라 하는데 그런 말도 안
되는 소리 좀 그만해!

영신 세상을 아이와 함께 경험하다 보면 알 수 있
을 거야. 이 세상은 전체로 이루어져 있어. 내
가 살던 세상인 미래에선 그 점을 매우 잘 알
아서 모든 사람들이 영적으로 깨어 있어.

에고 그럼 넌 영적으로 깨어 있으면서 왜 싫증을
느낀 거지? 한마디로 모두 영적으로 깨어난
세상이 싫었던 거 아냐? 이 아이의 좋음과 싫

음, 편견, 다름을 인지하는 모든 느낌들을 있는 그대로 느끼고 싶었던 거 아냐?

영신은 인정할 수밖에 없었다. 맞는 말이었다.

영신 그래, 맞어! 하지만 이런 식은 아냐. 네가 생길지도 몰랐고 내가 이렇게 갇히게 될지도 몰랐다고! 나는 아이를 그저 지켜보면서 혹시나 나쁜 길로 가려 할 때 방향을 잡아 주고 싶었을 뿐이야! 그러면서도 그 모든 걸 느낄 수 있으니까! 그리고 이건 내 게임이라고!

에고 하! 전체라 하더니 너도 분리된 사고방식을 시작했네! '내 게임'이라고? 그것도 참 이해가 안 된단 말이지! 눈에 보이고 물질로써 만져지는 이 모든 세상이 게임이라고 말하는 네가 참 이상해.

영신은 에고의 말에 반박할 수 없었다.

영신 '아… 내가 전체가 아닌 나를 생각했구나! 이런 적은 처음인 것 같은데… 이건가? 뭔가 일

탈한 느낌?'

에고 갑자기 생각에 잠기기는! 내가 한 말이 정확했나 보지? 너도 이미 분리된 사상을 가지고 있다고!

영신은 에고의 말을 흘려들었다. 자신이 전체가 아닌 개인을 자연스럽게 생각했다는 사실에 충격을 받았다. 동시에 기분 좋은 느낌이 들었다.

영신 '아… 이런 거구나! 그래서 이 게임 속 사람들은 개인을 중시할 수밖에 없었구나!'

에고 뭐야? 내 말을 안 듣는 거야? 어차피 상관없어! 이제 이 아이는 내 거니까!

영신은 눈을 감고 앉아서 명상을 하기 시작했다. 그런 모습을 본 에고는 무시당하는 것 같아 화가 났다. 동시에 아이도 화를 내고 있었다.

아이 내가 가지고 놀 거야! 싫어!

에고는 아이를 보며 놀랐다.

영신과 에고

에고 하하하! 봤냐? 이 아이는 내가 느끼는 것을
그대로 느껴! 완전히 나와 한 몸이 되었어!

영신은 눈을 떠 그 모습을 지켜보았다. 하지만 말을 잇진 않
았다. 그저 바라보았다.

에고 꿀 먹은 벙어리가 된 거야? 이런 식으로 나온
다 이거지?

에고는 화가 잔뜩 난 채로 씩씩거렸다.

아이 내 거야! 내 거라고!

아이가 화가 잔뜩 나서 소리를 지르기 시작했다.

저승사자가 알려 준 생각은 현실이 된다

저승사자의 수업이 한창 진행되고 있다.

저승사자 인간은 스스로 창조할 수 있다는 걸 매일 매
순간 하면서도 모르고 있어.

해직 그게 무슨 말이에요? 인간은 신이 아닌데 어
떻게 창조를 해요?

저승사자 너는 숨을 쉬지? 들숨과 날숨을 의식하지 않
고 한다. 들숨과 날숨을 매 순간 만들고 있지.

해직 그건 당연한 거잖아요. 그게 무슨 창조예요?

저승사자 그럼 이건 어떠냐? 상상만으로 인간 남자는
발기할 수 있다. 그걸 생물학적으로 당연한
것으로 여기지. 그런데 왜 그러지? 상상만으
로 몸을 제어할 수 있는 기능인데도 불구하고
생물학적으로만 생각할 수 있다는 게 더 신기

하다.

해직 어…? 듣고 보니 그러네요? 상상하는 것만으로 그렇게 되죠… 그런데 그건 창조와는 좀 거리가 있지 않나요?

저승사자 그것이 너희의 문제다. 모든 걸 창조할 수 있고 실제로 창조를 하고 있으면서도 자신은 그것을 인식하지 못하지. 이 공간이 모두 무채색이 되면 너희 인간 세계에서는 전쟁이 일어나게 된다. 벌써 여러 번 전쟁을 치렀지. 그리고 전쟁 뒤엔 항상 여기가 무지개색으로 차게 된다. 그때 너희 인간 세계는 번영을 이루지. 그걸 무수히 반복하고 있다. 이것도 창조가 아닐까?

해직 전혀 모르겠어요. 부정적인 것이 가득 차면 전쟁이 일어나고 긍정적인 것이 차면 번영을 이루는 것은 대충 이해가 되지만 그게 창조와 무슨 상관이에요? 전쟁이나 번영은 나 혼자 하는 것이 아니잖아요.

저승사자 너희는 하나이면서 전체다. 그걸 또 인식하지 못하고 있다.

해직 아, 죄송합니다. 하지만 너무 이해가 안 되어서 그래요.

저승사자 네가 완전히 바보라는 사실을 잊어버렸군. 그래, 창조부터 말해 주마. 너희는 사실 신과 같은 존재다. 그래서 신이 창조하듯 너희도 창조할 수 있다. 창조의 도구는 생각이다. 너희는 생각으로 모든 걸 창조한다.

해직 와⋯ 자기계발서에 나오는 이야기가 진짜였던 거예요? 아무리 내 내면에 신이 있다고 하셔도 신처럼 생각만으로 창조할 수 있다는 건 믿을 수 없어요. 제가 생각한 것은 한 번도 창조된 적이 없거든요.

저승사자 자기계발서를 쓴 자들은 생각이 창조한다는 걸 알게 된 거지. 아무튼 너는 네가 생각한 모든 걸 백 퍼센트 창조했다.

해직 내가 창조한 삶이 저따위였다고요? 저는 엄청난 부자로 살고 싶었는데요? 그리고 그걸 항상 생각했다고요. 그런데 전혀 이뤄지지 않았죠.

저승사자 너는 부자가 되고 싶다면서 이런 생각도 했다. '내가 정말 이만큼 벌 수 있을까?' 이렇게 네가 바라는 것을 네 스스로 상쇄시키면서 또

다시 생각하고 또다시 상쇄하고… 정말 바보 같군. 너는 부자가 되고 싶다고 생각하지만 회사원으로는 절대 부자가 될 수 없다고 생각한다. 그럼 이 생각의 형태는 두 개가 합쳐져서 '회사원은 부자로 만들지 마'라는 생각이 되지. 게다가 너는 부자가 되고 싶다면서 돈을 좋아하는 것은 도덕적으로 옳지 않다고 느끼지. 그래서 부자가 되고 싶다는 소원을 들어주는 상황과 돈을 좋아하는 것은 도덕적이지 않은 상황이 동시에 이루어진다. 그러니 너는 절대로 부자가 될 수 없었던 거다.

해직 생각만으로 모두 창조할 수 있다면 지금 당장 내 눈앞에 1,000억이 있다고 생각하면 나오게 되나요?

저승사자 물론 나온다. 너는 죽었으니 바로 가능할지도 모르지.

해직 1,000억아, 내 눈앞에 보이렴!

해직은 눈을 감고 그렇게 생각한 뒤 설레는 마음으로 눈을 떴지만 아무 일도 일어나지 않았다.

해직 뭐예요! 안 되잖아요!

저승사자 너는 아직도 인간적인 생각을 버리지 못하고 있군. 1,000억을 바라면서 동시에 갑자기 이곳에 1,000억이 생기는 건 물리적으로 불가능하다고 생각했기 때문이다.

해직 음… 당연한 거 아닌가요? 갑자기 나타날 순 없잖아요!

저승사자 야한 상상을 하면 발기하는 것과 다를 것이 없다. 너는 그 상상을 할 땐 충분히 그걸 느낀다. 그런데 1,000억에 대해서는 충분히 못 느끼고 있지. 상상에 한계가 없는 사람에겐 나타날 것이다. 그리고 물리적인 것은 없다. 그러니 절대적인 것도 없다. 모두 상대적인 것이다. 너희 인간 세상에 아인슈타인이 그것을 증명하지 않았나?

해직 왜 매번 주제가 하나 이상으로 넘어가죠? 1,000억이 나타나지 않은 이유를 물어봤는데 발기랑 상대성 이론까지 나오다니요?

저승사자 하… 모든 것은… 아니다. 네 지금 상태로는 절대 이해할 수 없겠지. 하나씩 알려 주마. 1,000억이 나타나지 않은 이유는 네가 물리적으로 그런 일이 발생할 수 없다고 생각했기 때문이다. 그럼 너의 생각은 어떻게 우주에 전달되는지 한번 보자. '1,000억이 내 눈앞에 나오게 한다'와 '물리적으로 1,000억이 갑자기 내 눈앞에 나올 리 없다'는 두 생각이 합쳐졌다. 그럼 이 생각이 여기 우주에서 이렇게 된다. '나는 내 눈앞에서 1,000억을 볼 수 없다.'

해직 난 그렇게 생각한 적 없는데요?

저승사자 그럼 이건 어떠냐? 하느님이 어떤 멍청이에게 하셨던 말을 해 주지. 너는 동시에 이렇게 생각했다. '나는 빨강을 원해. 파랑도 원해.' 그럼 우주는 '빨강도 파랑도 원한다고? 그럼 보라를 주지.' 이렇게 너의 생각을 모두 들어주는 거지.

해직 와… 이런… 내 생각을 멋대로 합쳐서 한 번에 들어주는 방식인 거예요?

저승사자 네가 멋대로지 우주가 왜 멋대로냐? 네가 원하는 대로 줬는데 인간이 멋대로 자신은 바란 적이 없다면서 싫어하는 거지. 우주는 인간의 생각을 백 퍼센트 실현되게끔 해 주고 있다.

해직 생각해 보니 단지 1,000억만 여기에 나타나게 하는 생각 자체가 너무 힘이 드는데요. 당연히 안 될 거라는 생각이 계속 교차해요.

저승사자 좀 더 이야기해 보지. 너는 인간 세상에서 1,000억을 똑같이 바란 적이 있다. 만약 네가 인간 세상에 있고 1,000억을 생각했다면 다양한 형태로 1,000억이 네 눈앞에 나타날 거다. 가령 뉴스에서 1,000억을 횡령했다며 나올 수도 있지. 이건 생각을 잘못했기 때문이다. 1,000억만 생각했지 1,000억이 어떻게 생겨나고 어떻게 가지게 될지에 대해서는 생각하지 않았기 때문이다. 그렇게 우주는 너에게 뉴스로 1,000억을 보여 준다.

해직 악! 그렇게 소원이 끝나 버렸다고요? 그런데 1,000억을 가진 적이 없는데 어떻게 그걸 가질 수 있다고 생각할 수 있어요?

저승사자 생각을 하는 것은 어딘가 혹은 다른 차원에선 이미 발현이 되어 있다. 어느 영혼이 이 진리를 너희 인간 세상에 알려 주었지. 너도 읽어 봤을 지 모르겠군. 은근히 책을 많이 본 것 같으니 말이야. 생각은 시간의 개념 없이 그 즉시 나타나지. 그걸 가능성이라 부른다. 영적으로 깨어 있는 사람은 그 가능성이 실현될 것을 알고 있다. 다른 건 생각하지 않는다. 그저 그렇게 됨을 알고 불안해하거나 두려워하지 않는다. 너에겐 어려울 수 있지. 눈으로 봐야 믿으니까. 너에게 맞는 방법은 1,000억을 만든 사람의 방법을 연구하는 것이다. 그걸 보고 나도 할 수 있다고 믿는 것이다. 그러면 가능하다. 1,000억을 만들 수 있는 길을 모두 생각해 놓는 거지.

해직 그 책, 저도 읽었어요. 그땐 그냥 괴상한 책이라고 생각했어요. 그게 진리예요? 이미 발현이 되었다고 생각하면 확실히 당연하다고 생각할 순 있겠네요. 아직 받아들이긴 힘들지만요. 그런데 이상한데요? 우주는 생각을 합쳐서 한 번에 주잖아요? 1,000억을 생각하며 1,000억을 만드는 길을 동시에 생각할 텐데요? 그럼 어떻게 전해져요? 제 머리에선 도저히 상상이 안 돼요.

저승사자 의외로 날카롭군! 다시 봤다! 그래, 네 말대로 네가 생각하는 모든 걸 너에게 한 번에 던져 줄 것이다. 하지만 너는 그 와중에 네가 현재

할 수 있는 것만 볼 수 있지. 우주는 네가 그 생각을 하는 한 동시에 계속 던져 준다. 그리고 너는 그때그때 네가 할 수 있는 것만 볼 수 있기에 네 입장에서는 순차적으로 이루어진 것처럼 보인다.

해직 왠지 살짝 이해가 가는데요?

저승사자 1,000억을 만들기 위해서 어떻게 할지 가정해 보자. 먼저 지금 상황에서 더 나아지는 방향을 생각하겠지. 그리고 투자비를 마련할 거다. 투자비로 주식 혹은 부동산을 고려해 볼 수 있고 사업을 시작해 볼 수도 있겠지. 그리고 그것이 대박이 나 1,000억을 만들었다. 네 가정은 이런 과정이겠지? 그럼 우주는 뉴스 등을 통해 1,000억을 번 사람을 너의 눈앞에 자주 보여 준다. 그리고 동시에 지금 보다 나아질 수 있는 상황을 계속해서 던져 준다. 물론 주식도 부동산도 사업 기회도 동시에 던져 준다. 너는 그중에서 선택하면 된다. 그런데 그렇게 던져 줘도 인간은 각기 다른 이유로 그렇게 하지 않아. 하나는 동시에 던져 주니 모두 잡으려고 하다가 모두 못 한다. 둘은 본인이 지금 여기서 할 수 있는 것과 할 수 없는 것을 구분하지 않고 그저 부럽다는 생각만 한다. '내가 조건이 된다면 저 모든 걸 다 할 텐데' 하고 생각한다. 그러면서 지금 돈이 없으니 아무것도 할 수 없다고 생각한다. 그런데 잘 찾아보면 우주는 너에게 지금보다 나은 삶을 살 수 있도록 기회를 주었다. 그것이 너에겐 너무 작아 보이지 않고 주식과 부동산 혹은 사업만 보이는 거다. 그래서 결국 아무것도 하지 않는다. 너희 인간 세상에서 그나마 현명한 사람들은 지금 여기 내가 할 수 있는 것을 먼저 찾는다. 너같은 바보들이 지금 여기가 소중한 줄 모르고 계속해서 부러워만 하면서 아무것도 하지 않지. 우주가 분명 줬음에도 불구하고 주지 않았다고 생각하지. 아무것도 모른 채 그저 시간만 낭비한다.

해직 저승사자면 내 마음에 들어올 수도 있어요? 어떻게 그렇게 정확하게 알아요?

저승사자 대부분이 그렇게 생각한다. 가장 중요한 것은 지금 여기에서 지금보다 나아질 삶을 살 수 있게 우주는 분명히 주었다는 것이다. 그런데 인간들은 그걸 알아차리지 못한다.

해직 그럼 생각을 창조의 도구로 쓰기 위해 어떻게 생각해야 해요?

저승사자 그저 생각만 하면 된다. 그러나 그 생각을 방해하는 요소들마저 생각하니까 되지 않는 것이다. 그래서 그 방해하는 요소들을 최대한 제거하는 데서 시작할 수 있다. 그러기 위해서 필수적으로 알아야 할 것이 있지. 그건 현재를 사는 방법이다.

모든 해답은 지금 여기에 있다

해직 그걸 알려 주세요. 그래야 다음엔 알아차릴 수 있잖아요!

저승사자 넌 이미 죽었는데 알아서 뭐 하려고?

해직 아니, 그래도 지금 말이 나왔으니까 궁금하잖아요!

저승사자 그래, 그럴 수 있지. 내 이번만 말해 주마. 이미 가지고 있는 것을 살펴보면 우주가 준 것을 발견하게 된다. 지금 당장 여기에서 네가 행복을 느낄 수 있는 것을 떠올려라. 그것을 찾다 보면 우주가 이미 너에게 많은 것을 줬다는 사실을 알게 된다. 그럼 너의 마음에 전에 없던 풍요가 싹틀 것이다. 그 풍요의 느낌이 시작이다. 그것을 느끼면 느낄수록 불안과 두려움이 사라지고 더 많은 풍요를 얻게 된다. 이것이 우주가 너에게 이미 준 것이다.

해직 잠깐만요! 그럼 제가 풍요를 느끼려 할수록 더 많은 것이 알아서 온다는 걸까요?

저승사자 그래, 네가 그 와중에 불안과 두려움을 느끼지 않는다면 말이지. 그리고 당연히 올 것이라고 믿는다면 말이다.

해직 그런데 인간인 이상 불안과 두려움이 싹트는 건 어쩔 수 없는 거 아니에요?

저승사자 그건 너희 인간이 이미 해결법을 알아냈다. 세상은 모두 짝을 이루는 성질이 있다. 이 이야기와 어울리는 장소가 있으니 거기서 하도록 하자. 가자!

해직 얘기하다 갑자기 어디로 가요?

저승사자 가기 전에, 지금 여기가 중요하다는 걸 너에게 다시 한 번 인식시켜 줘야겠다. 저 거울을 보면 한 사람의 인생이 모두 보일 것이다. 보아라.

해직은 인간 세상을 내려다보는 거울을 들여다봤다. 유독 눈에 띄는 사람이 있어 그를 유심히 보자 거울이 확대되면서 그의 인생 전부가 파노라마처럼 펼쳐지기 시작했다.

해직 와… 한 사람의 인생을 이렇게 한눈에 볼 수 있다니! 정말 신기하네요! 그런데 저 사람 인생을 왜 보라고 하신 거예요?

저승사자 저 사람은 꽤 행복하게 죽을 거다. 가족에게 둘러싸여서 말이지.

해직 네… 인생을 꽤 잘 산 것 같아 보여요. 앗! 그런데 저분 아직 죽지 않은 거 아니에요? 미래까지 정해져 있다고요?

저승사자 아니 미래는 정해져 있지 않다. 전체적인 흐름은 윤곽이 나올 수도 있지만 그것마저도 생각으로 바꿀 수 있어. 그걸 모를 뿐. 저 사람의 20대를 보아라.

해직 음… 20대 때는 남을 부러워하고 자기는 못났다고 생각했네요. 취직이 엄청 힘들었나 봐요. 저도 그랬는데…

저승사자 만약 저 사람이 남을 부러워하기만 했다면 아마 이런 파노라마가 펼쳐졌겠지.

저승사자가 손가락을 가볍게 팅기자 그의 인생 파노라마가 20대에서 갈라져 다른 양상으로 흘러가기 시작했다.

저승사자 자, 이 파노라마의 끝을 봐라.

해직 아… 혼자 쓸쓸히 심장을 부여잡고 죽었네요. 거기다 두 달 동안 아무도 몰랐어요. 자식들은 그 이후에도 뒤처리를 서로 미루기만 하네요. 아니 20대 때 한 하나의 선택이 이런 결말을 가져온다고요?

저승사자 만약 저 사람이 20대 때 한 선택을 계속 반복한다면 말이지.

해직 아니 무슨 선택을 했길래 저래요?

저승사자 남을 부러워하기만 하고 스스로를 믿지 않기로 한 선택. 다른 선택지도 분명히 있었지만 그는 그 선택을 계속해 왔다.

해직 그 생각 하나로 말년이 저렇게 되다니…

저승사자 그래서 생각이 중요한 거지. 그런데 30대 때 극적으로 다른 선택을 하기 시작했다. 그의 30대를 봐라.

해직 작은 회사에 들어갔지만 거기서 책임감 있게 일하며 스스로를 인정하기 시작했어요. 그러니 사람들도 그를 인정해 줘요.

저승사자 그래. 바로 저 선택 덕분에 그는 말년이 아주 좋게 되었지.

해직 그런데 이걸 보여 주신 이유가 뭐예요?

저승사자 아… 정말 바보 같군. 보고도 모르겠냐? 지금 수업은 지금 여기가 중요함을 말하고 있다. 즉, 지금 하는 선택이 복리처럼 불어날 수 있다는 거지. 지금 여기가 가장 중요하다. 그의 30대를 더 유심히 봐라.

해직 아… 그는 자신이 가진 것에 만족하기 시작했어요. 무채색을 띠던 20대 때의 에너지장이 지금은 무지개색을 띠고 있네요.

저승사자 자기가 가진 것만 바라볼 때 있다는 생각이 들기 시작한다. 그럼 없던 것도 나타나기 시작하지. 있는 것을 바라보기 시작할 때 에너지장도 무지개색을 띠게 된다. 그럼 당연히 같은 무지개색을 띠는 좋은 것들이 들러붙기 시작한다. 반면에 자신에게 없는 것을 바라보기 시작하면 있는 것도 없어진다. 이게 우주의 리듬이다.

해직 그렇게 선택한 뒤로는 대기업에 이직하고 임원까지 되는 코스를 밟네요! 게다가 가족과도 엄청 잘지내요!

저승사자 말했듯이 무지개색을 띠는 에너지장에는 다른 무지개색을 띠는 더 좋은 것들이 계속해서 붙는다. 당연한 결과지. 이제 이 수업의 뜻을 알겠느냐?

해직 그런데 궁금한 것이 있습니다. 아무것도 가진 게 없는 사람이라면요? 돈도 없고 못생기고 심지어 빚마저 있다면요? 그럼 바라볼 게 아무것도 없잖아요.

저승사자 이래서 네가 바보라는 거다. 왜 없냐? 가지고 있는 것이 아무것도 없다는 생각은 대체 어떻게 가능한 거냐. 만약 그런 사람이라 하더라도 움직일 수 있는 팔과 다리, 볼 수 있는 눈과 숨을 쉴 수 있는 코, 먹을 수 있고 말할 수 있는 입이 있다. 그리고 숨을 공짜로 쉴 수 있지. 주변을 둘러보면 공짜로 볼 수 있는 나무와 풀 들이 있고 새가 지저귀는 소리를 들을 수 있다. 이미 가진 것이 더 많다. 자신이 그걸 모를 뿐. 너희 인간 세상에 마윈馬雲이라는 사람이 네가 말한 것과 딱 들어맞지 않나?

해직 네? 마윈이요? 알리바바 마윈? 제가 말한 건 그 사람이 아닌데요?

저승사자 그 사람의 인생을 보여 주지. 거울을 봐라.

해직은 거울로 마윈의 20대를 보기 시작했다. 마윈은 집 앞에 생긴 KFC에서 직원을 채용한다고 하여 지원했다. 지원자는 총 24명이었고 빈 자리도 24개였다. 그런데 그만 제외하고 나머지 23명은 합격했다.

> **해직**　와… 저 KFC 사장 너무했네!
> **저승사자**　그 사장을 볼 게 아니라 마윈을 봐라. 그가 어떻게 생각했는지!

해직은 마윈을 보았다.

> **마윈**　'나에게 벌어진 일이 진짜인가? 여기에 내가 성장할 수 있는 기회가 있는 건 아닐까?'
> **해직**　뭐라고? 못생겨서 불합격했는데 지금 저렇게 긍정적으로 생각할 수 있다고? 사람이 아닌가? 보통은 스스로를 책망하다 부모님을 탓하게 되잖아…
> **저승사자**　너 같은 놈이나 부모를 탓하지. 마윈은 그러지 않았다. 오히려 성장할 기회로 바라봤다.
> **해직**　와… 그래서 성공했던 걸까요?
> **저승사자**　지금 이 순간이 아무리 힘들고 어려워도 모든

것을 기회로 보는 마윈의 시각을 가진다면 성
공할 수 있다. 그러나 대부분은 너처럼 남을
탓한다. 그러니 안되지! 내가 말했듯이 지금
이 순간을 어떻게 느끼고 어떻게 생각하고 어
떻게 받아들이는가에 따라 미래는 변한다.

해직 아! 그러네요! 그럼 거동이 불편한 장애인이
라면요?

저승사자 이미 너희 인간 세상에 그런 사람이 있다. 그
를 거울로 볼까?

해직 오! 진짜요? 그런 사람이 있다고요? 볼래요!

해직은 인간 세상을 들여다볼 수 있는 거울로 그런 사람을
찾기 시작했고 이내 금방 찾을 수 있었다. 그는 팔다리가 없
었지만 그 누구보다 무지개색이 짙고 찬란했다.

해직 앗! 저 사람이군요! 저 알아요! 유튜브에서
본 것 같아요. 이름이… 아! 맞어! 닉 부이치치
Nick Vujicic! 맞죠?

저승사자 그래, 맞다. 그의 인생은 지금도 찬란하다. 그
리고 파노라마를 보면 알 수 있듯이 말년까지
행복한 인생을 살다 간다. 그는 어릴 때 수없

이 놀림과 차별을 받았지만 자책하지 않고 세상에 나아가길 선택했다. 지금 그는 영화배우이자 동기 부여 강사이면서 화목한 가정도 이루고 있다. 심지어 수영을 비롯한 각종 스포츠를 즐기고 있다. 그는 어떻게 생각했을까? 여덟 살 때는 우울증으로 자살 시도까지 했었지만 그는 다시 선택했다. 지금 처한 현실을 받아들이고 자신이 할 수 있는 모든 걸 하기로 결정한 거지. 따라서 지금 여기가 가장 중요하다. 지금 여기가 미래를 만드는 것이다. 과거에 얽매일 필요가 없지. 그건 이미 지나간 일이다. 지금 여기 스스로 선택하는 순간 미래는 바뀐다.

해직 '지금 여기 이 순간이 가장 중요하다.' 이제 알겠어요! 그럼 저는 지금 여기서 무엇을 하면 좋죠?

저승사자 뭐 하러 고민하는가? 너는 어차피 죽었는데? 그리고 방금 내가 말한 것처럼 지금 이 순간을 그저 느껴라. 다음 할 일을 고민하며 불안해 할 필요가 없다. 넌 죽었는데도 불구하고 또 미래를 걱정하는가?

해직 알려 주신 내용에 맞춰서 지금 여기에서 뭔가를 해야 하나 생각했어요. 부담 없이 그저 잘 들으면 되는 거죠?

저승사자 그래, 그냥 듣고 느끼면 된다. 모든 건 지금 여기가 가장 중요하니까. 자 이제 원래 하려던 이야기를 계속하도록 하지. 모든 것은 짝을 이룬다는 거다. 가려던 곳으로 가자!

저승사자가 낫을 치켜들자 신비한 에너지가 주변을 감쌌다.

영신과 예고

세상 모든 것이 짝을 이루는 이유는 중요하다

해직 여기는 어디에요? 아무것도 없어요!

저승사자 너희 인간이 가장 궁금해할 빅뱅이 터지는 순간이다.

해직 오! 기대되는데요? 어떻게 될까~

해직은 계속 기다렸지만 아무 변화가 없다.

해직 저기, 사자 님… 언제 터지나요?

저승사자 이미 터졌다. 음… 네 눈엔 보이지 않겠구나. 그럼 시간을 느리게 돌려 보마.

저승사자는 손가락을 튕겼다. 무언가 작은 것이 튕기듯 생기는 것이 보였다.

해직 에계? 저거예요? 빅뱅이? 저 먼지 같은 게 진짜 빅뱅이에요?

저승사자 아직이다. 시간이 흐르면 저 먼지처럼 보이는 게 곧 모든 것이 된다.

저승사자는 손가락을 두 번 튕겼다. 순간 해직의 주변으로 온갖 것들이 생기기 시작했다. 시간이 빠르게 흐르면서 에너지들이 분출하더니 모든 것이 만들어지고 있었다.

해직 와… 신기하다. 그런데 창조주는 없는 거예요? 저렇게 세상이 갑자기 나타나요?

저승사자 창조주는 있다. 네 안에도 있다고 몇 번을 말하는가?

해직 저는 창조주가 짠! 하고 만드는 줄 알았죠! 그리고 창조주는 보이지 않길래요.

저승사자 창조주는 생각으로 너희 전부를 만들었다. 그런데 왜 만들었을까?

해직 아?!? 그러게요? 왜 만들었나요?

저승사자 자신이 존재하기 위해 만든 것이다.

해직 네? 그게 무슨 말이에요?

저승사자 지금 수업의 주제는 '모든 것은 두 개의 짝을

이룬다'이다. 자 한번 생각해 보아라. 창조주
는 처음 이 텅 빈 공간에 홀로 있었다.

해직 네? 아무도 없었잖아요!

저승사자 아니 있었다. 네 눈에 보이지 않을 뿐. 창조주
는 고민했다. 이 세상에 나 홀로 있는 것인가?
아니면 다른 누군가가 있는 것인가? 나는 누
구인가? 나는 왜 존재하는가? 내가 실제로 존
재하긴 하는 것인가? 모든 곳을 다닌 끝에 자
신밖에 없다는 걸 알았다. 그래서 자신 외의
것을 만들기로 한다. 너희가 가진 창조의 도
구, 생각으로 말이지. 그렇게 만들고 나니 비
로소 실제로 존재함을 알게 된 것이다.

해직 그게 무슨 말이에요?

저승사자 이 세상에 아무것도 없이 너 혼자 있다고 해
보자. 물질이 없는 세상이라 텅 비어 있다. 네
육신조차 없다. 오로지 생각밖에 없다. 그럼
넌 네 스스로가 존재한다고 할 수 있나?

해직 음… 내가 눈에 보이지 않는다는 거죠? 거기
다 아무것도 없고… 내가 나인지도 모르겠는
데요?

저승사자 창조주도 같았다. 자신이 존재하기 위해 모든

걸 만들었다. 이게 이번 수업의 첫 시작이다. 창조주 이야기는 잠시 접어 두고, 너를 예로 이어 가 보도록 하자. 너는 존재하기 위해 너와 같은 너를 만들었다. 비로소 나와 너라는 개념이 존재하기 시작한다. 이해되느냐?

해직 으음… 그건 이해되는데 창조주가 단순히 본인이 존재함을 알기 위해 세상을 만들었다는 게 이해되지 않아요.

저승사자 자기가 존재함을 알게 되면 멋진 걸 할 수 있게 된다. 너희 인간들은 그게 멋진 줄도 모르는 것 같지만… 그건 바로 체험이다. 물질이 생기면 영혼은 체험을 할 수 있다. 만지고, 잡고, 냄새를 맡는 너희 인간들이 아주 당연하게 생각하는 촉각들 말이다. 그런데 체험은 여기서 끝이 아니지. 끝없이 수많은 체험의 가능성이 존재한다. 그 가능성들! 혼자 생각으로 존재할 때는 모든 가능성이 생각과 동시에 실현되기에 재미가 없다. 그러나 육신과 물질의 세상에선 씨앗을 심고 기다려야 한다. 이미 어디선가 그 생각이 발현되어 있지만 그 생각을 하고 있는 육신은 그 가능성이 싹을 피우길 기대하지.

해직 체험하기 위해서 우리를 만들었다는 거예요?

저승사자 그렇다.

해직 그럼 제가 한 체험과 신이 한 체험에 차이가
있나요?

저승사자 어쩜 이리 아직도 모를까? 차이가 없다. 네가
한 체험은 신도 한다. 신이 너고 네가 신이다.
이걸 언제까지 말해 줘야 할까…

해직 사자 님 이야기를 들으니 짧은 이야기가 떠오
르는데요, 들어 보실래요?

저승사자는 귀찮지만 받아들인다.

저승사자 그래, 해 봐라.

해직 헤헤, 감사합니다. 그럼 시작할게요.
파도가 바위에 닿자 물방울 하나가 튀어 올
라 바위 위에 앉았습니다. 그 물방울은 자기
가 바다인 줄 잊었죠. 주변을 보니 바위밖에
없어 바위와 자기가 다르게 생긴 걸 고민하기
시작합니다. 내리쬐는 태양도 밤의 추위도 힘
이 듭니다. 그러다 바위와 한 몸이 되려 하죠.

그러는 순간 바다에서 파도가 일었고 물방울은 다시 파도에 휩쓸려 바다로 돌아갑니다. 물방울은 자신이 바다였다는 걸 다시 알게 되었죠. 잠시 다른 경험을 하기 위해 다녀온 것뿐이라는 걸 알게 되었습니다. 그리고 그 체험을 동료들에게 말해 주었습니다. 동료들은 굉장히 흥미진진해했죠. 그렇게 동료들도 다른 경험을 하고 싶어서 파도에 몸을 싣기 시작합니다. 그리고 바위 위에 앉는 순간 자기가 바다라는 걸 잊어버립니다…

어때요? 그럴듯하지 않아요? 와… 내가 살아 있었다면 이거 노벨 문학상감인데!

저승사자 내용은 좋다. 노벨 문학상까진 모르겠다.

해직 칫… 그래도 내용은 좋다니 기분 좋네요!

저승사자 네 이야기를 들어 보니 어느 정도 이해한 것 같구나! 잘했다!

해직 오오! 칭찬! 칭찬받았다~

저승사자 그런데 지금 수업은 체험이 주가 아니다. 두 개의 짝을 이루게 된 모든 존재의 형태를 말하고자 한 거다. 넌 논점을 벗어났어.

해직 사자 님이 체험이라고 하셨잖아요!

저승사자 슬슬 또 기어오르나? 칭찬 한 번에 기어오름 한 번이냐?

해직 아… 아뇨, 죄송합니다.

저승사자 다시 수업을 이어 가마. 모든 건 두 개의 짝을 이룸을 말하기 위해 창조주가 빅뱅을 일으킨 순간으로 데려온 것이고, 자기 존재를 알리면 자신과 같은 능력을 가진 누군가가 필요하다. 그게 '나와 너'가 된다. 그리고 수많은 나와 너가 생겨나기 시작한다. 물이 물임을 알리면 불이 필요하다. 수컷이 번식을 하려면 암컷이 필요하다. 밝음이 존재하기 위해선 어둠이 필요하다. 어둠도 마찬가지다. 많다는 개념이 존재하려면 적다는 개념이 존재해야 한다. 편하다는 느낌을 받으려면 불편을 겪어 봐야 하지. 좋은 것이 무엇인지 알리면 나쁜 것을 알아야 한다. 어떤 말에 동의하고 싶다면 먼저 반대의 의미를 알아야 한다. 지키기 위해서 잃을 줄도 알아야 한다. 잃었을 때의 허망함을 알기에 지키려 하게 되지. 존중하는 마음은 업신여김을 알기에 가질 수 있다. 이처럼 모든 존재는 서로가 있어서 자신을 알게 된다.

해직 음…

저승사자 너 지금 그렇지 않은 것이 무엇인지 찾고 있지?

해직 하하… 네…

저승사자 한번 찾아보아라. 시간을 주겠다.

해직 음… 숫자 0은요?

저승사자 그럼 이렇게 질문하지. 0은 왜 생겨났는가?

해직 없다는 걸 표시하려고요?

저승사자 그럼 '있음'의 짝이다.

해직 헐!

저승사자 또 할 것인가?

해직 음… 아뇨… 이해가 됐어요. 그래도 혹시 생각 나면 다시 말해도 되나요?

저승사자 …그렇게 하라! 모든 것이 짝을 이루는 걸 왜 설명한 것 같으냐?

해직 서로 존재함을 알기 위해서죠?

저승사자 그래. 그럼 그 존재함을 알아야 하는 이유는?

해직 음… 상호 의존적이라서요? 우리는 하나이면서 상호 의존적이다? 그런 뜻인가요?

저승사자 맞다, 바로 그거다. 이번 수업은 꽤 잘 따라와 줬다. 잘했다.

해직 한 수업에 칭찬 두 번이라니 느낌 좋은데요~

저승사자 우쭐대지 마라. 이 상호 의존적이라는 것에서 모든 세상의 법칙이 만들어진다. 이건 뒤에 알려 줄 것이다. 지금은 다음 수업으로 간다. 다음 수업은 네가 살아 있었다면 귀를 열 번 씻고라도 듣고 싶어 할 이야기다. 복권에 당첨되는 생각을 하는 방법이다.

해직 와! 그런 것이 있다고요? 1,000억의 아픔이 아직 안 가셨는데, 이런 걸 알려 주시다니 참 감사합니다!

저승사자 넌 죽었는데 무슨 상관이냐! 죽은 자가 물질에 얽매여 있군.

해직 아…! 그러네요… 그래도 궁금한데요?

저승사자 그래, 그 생각은 이렇게 된다.

병적인 예고의 작동 방식 (1)

영신은 에고가 하는 모든 걸 관찰하기 시작했다. 그러면서 에고가 가진 가장 큰 특징을 발견했다. 에고는 개인을 중시하며, 개인의 범위를 확장시키기 위해 '나의 것'을 매우 중시한다. 모든 것을 내 것으로 만들려 하는 특징이 있었다. 심지어 병적으로 보이기까지 했다. 자신과 동일화를 시키기 위해서는 거짓말도 서슴지 않았다.

> **영신** '에고는 아이를 망치고 있어. 저런 병적인 소유 의식은 좋지 않아.'

에고는 영신의 생각을 느끼고 휙 돌아봤다.

> **에고** 네가 무슨 생각을 해도 상관없어. 나는 내 것을 점점 더 만들 거야. 아이를 봐. 내가 내 것

영신과 에고

을 만들수록 아이도 가지는 것이 많아지잖
아! 안 그래?

영신은 에고를 그저 말없이 바라보았다.

> **에고** 대체 넌 뭐야! 다 안다는 듯한 안쓰러운 그 눈
> 빛은 대체 뭐냐고! 내가 옳아! 난 그걸 증명할
> 거야! 내가 나를 동일시 시키는 것이 많아질
> 수록 아이는 훨씬 더 행복할 거라고!

영신은 아이에게로 눈길을 돌렸다. 아이는 웃고 있었지만 표
정 한편은 아닌 것도 같았다.

> **영신** '가진 것이 많다고 행복해지지 않는다는 걸
> 어렴풋이 알고 있을지도 모르겠구나. 희망이
> 있을 수도 있겠어.'
> **에고** 자, 아이야! 저것도 내 거란다! 네가 바라보는
> 모든 것은 내 거야!

아이는 친구들과 대화를 나누고 있었다.

친구 우리 아빠는 파일럿이야! 멋지지? 나도 파일
럿이 될 거야!

에고 뭐 파일럿? 뭔지 모르지만 멋있어 보이는데?
그것도 내 거야!

에고가 그렇게 소리치자 아이가 친구에게 말했다.

아이 우리 아빠도 파일럿이야! 우리 아빠는 비행
기도 엄청 많아!

에고는 자신과 동일화를 시키기 위해 무엇이든 거짓말의 대
상으로 만들어 버리고 있었다.

영신 '아…! 에고는 사실 두려워하는 것인가? 내가
살고 있는 세계에서는 두려움이란 감정이 없
었다. 감정상쇄기를 사용하면 다시 신처럼 평
온해질 수 있으니까! 이렇게 두려움이라는
느낌을 알 길이 없었어! 그렇구나! 에고는 두
려워하고 있어! 그래서 모든 걸 가지려 하는
거구나! 가만… 그런데 에고는 어떻게 탄생한
거지? 번외 게임이 아니었어. 과거 서적들을

보면 에고는 인간 스스로 만든다고 했는데…
설마 아이 스스로 만든 것인가? 어떻게 만든
거지…? 설마 그 두 개의 에너지? 이성과 감
정의 에너지가 만든 건가?'

에고는 아이의 거짓말을 보면서 흐뭇해하고 있었다.

> **영신**　에고야…

에고는 오랜만에 들리는 목소리에 뒤를 돌아보았다.

> **에고**　이제야 말이 하고 싶은가 봐? 아이를 봐! 행
> 복해 보이잖아~ 난 아주 잘하고 있다고!
> **영신**　너 사실 두려운 거니?

에고는 흠칫 놀라서 뒷걸음쳤다가 이내 자세를 고쳐 잡고
더 큰 소리로 말을 이었다.

> **에고**　내가? 내가 뭘 두려워하지? 난 아무것도 두렵
> 지 않아!
> **영신**　두렵지 않은데 왜 가지려 하니? 가지지 않아

도 충분한데 말야.

에고 나는 아이가 태어나면서 같이 태어난 존재야.
아이가 죄다 가지고 싶어 하는 걸 난 안다고!

에고는 더욱 화를 내며 말을 이었다.

에고 네가 뭘 알아! 평생 거기서 갇혀 지내는 놈이!
네놈 입을 막아 버릴 궁리도 해야겠군!

아이는 집으로 돌아와서 아빠에게 물었다.

아이 아빠는 왜 파일럿이 아니야?

아빠 응? 왜 아니냐고? 글쎄… 파일럿이 멋지긴 하
지만, 되고 싶다는 생각을 한 적은 없는 것 같
아. 왜 그러니 아들?

아이 친구 아빠는 파일럿이래…

아빠 우리 아들, 친구가 부러웠구나?

아이 아빠도 파일럿 하자!

아빠 아빠는 파일럿이 되기엔 이미 늦은걸? 아빠
는 파일럿보다 더 멋진 회사원이야~

아이 회사원이 뭐야? 진짜 파일럿보다 멋진 거야?

영신과 에고

영신과 에고는 그 광경을 지켜보고 있다. 영신은 사랑스러운 눈빛인 반면 에고는 씩씩대고 있다.

> **에고** 파일럿이 될 수 없다니! 왜! 대체 왜! 이미 파일럿이라 말해 버렸는데 그건 어떻게 해? 거짓말이 들통나면 어떻게? 멍청한 아빠! 무능력한 아빠!

에고는 계속 씩씩거렸다. 아이의 내면 공간으로 에너지들이 넘칠 듯이 흘러 들어왔다. 그 에너지는 에고에게 직접적으로 빨려 들어가는 것처럼 보였다. 영신은 아이 아빠를 그렇게 생각하는 에고가 안쓰러웠다. 그래서 그렇게 생각하지 않았으면 하고 강하게 생각했다.

> **에고** 아냐, 아빠를 욕하면 안 되지. 암! 아빠는 나와 잘 놀아 주니까! 그 자식이 지 아빠가 파일럿이라고 자랑한 게 문제야! 걔가 잘못했어!

영신은 순간 깜짝 놀랐다. 내 생각이 영향을 끼칠 수 있는 것인가? 아니면 우연인가? 실험할 필요가 생겼다.

에고 애초에 그 자식과 나는 완전히 다르잖아! 나
보다 못생긴 놈! 아빠 직업만 좋은 놈! 이제부
터 완전히 미워해 주겠어!

영신은 에고의 또 다른 특성을 알게 되었다. 에고는 서로의
다름을 강조하는 성향이 있다. 그리고 내가 존재하려면 상대
가 필요함에도 불구하고 상대방을 미워하고 두려워한다. 아
이가 내적 갈등을 겪고 있을 때 내부 공간으로 에너지가 흘
러들어오고, 그 에너지는 에고에게 직접적으로 전달된다. 지
금 드러난 증오는 내부 공간에 모여 있던 이성과 감정의 얽
힘이 합쳐진 에너지였다.

영신 '내가 살던 세계에서는 상대방을 미워하고 두
려워하는 건 있을 수 없는 일이었지. 모두가
연결되어 있으니까. 하지만 연결이 되어 있는
데도 연결이 되어 있는지 모르면 저렇게 행
동하게 되는구나. 그리고 일어나지도 않은 미
래의 불안에 사로잡혀 있다. 에고는 거짓말이
들통나지도 않았는데 미리 두려워하고 불안
해하네. 그렇게 생각하지 않으면 일어나지 않
을 텐데. 게다가 저 에너지… 에너지의 흐름

영신과 에고

은 나만 볼 수 있는 것 같다. 에고는 에너지가
자신에게 직접적으로 전달되는 것을 느끼지
못하고 있는 것 같아.'

이 게임 속 세상 사람들을 관찰하는 일이 조상들의 생각과
감정에 대한 이해로 이어지길 바라며 영신은 에고를 바라보
았다. 이게 진짜 게임이 맞나 의문이 들기도 했다. 시간은 조
금씩 흘러 아이는 사춘기에 접어들었다.

3부

저승사자의 수업

복권 1등 당첨, 생각만으로 가능할까?

저승사자 복권에 당첨되는 생각은 복권에 집중하는 것
이다. 오로지 복권이 당첨되는 생각만을 할
때 현실로 이루어진다. 그럼 생각이 왜 현실
로 만들어질까?

해직 그런 이야기를 하는 자기계발서는 많이 읽었
지만 막상 그렇게 된 사람은 보지 못했어요.
왜 그런가요?

저승사자 너는 빅뱅의 순간을 목격했는데도 생각이 물
질을 만들 수 있다는 걸 아직도 의심하는가?

해직 네? 먼지부터 시작한 거요? 거기서 모두 뻗어
나가는 건 신기하긴 했는데… 그건 창조주라
서 가능한 거잖아요.

저승사자 네가 창조주라니까! 아무것도 없는 공간에서
먼지가 생긴 것은 의아하지 않더냐?

해직 아! 듣고 보니 그러네요. 아무것도 없는데 갑자기 먼지가 생겼어요! 저는 당연히 창조주니까 할 수 있다고 생각했죠.

저승사자 다시 말하지만 너도 가능하다. 생각이 어떻게 구성되어 있는지 보기 전에 먼저 물리학 수업을 해야겠군. 아주 기초적인 거니까 어렵지 않을 거다.

해직 물리학 좋죠. 하지만 그걸 이해할 수 있는 머리는 아닐 걸요? 고등학교 때 이과였다가 물리 수업 때문에 문과로 전과했을 정도예요.

저승사자 아주 쉽다. 여기 이 나무 막대기를 봐라.

저승사자가 나무 막대기를 향해 손바닥을 펼치자 나무 막대기 속이 훤히 보이기 시작했다.

해직 와! 나무 막대기 안이 이렇게 생겼구나! 너무 신기한데요?

저승사자 그래, 원자들이 결합해 나무 막대기를 이루고 있는 것이 보이지? 이걸 더 확대해 보겠다.

저승사자는 펼친 손바닥에 힘을 줬다. 이내 나무 막대기 안의 원자들이 더 확대되어 보이기 시작했다.

> **해직** 아니, 아까는 완전히 결합되어 있어서 공간이 없었는데, 지금은 널널한데요. 원자와 원자 사이, 원자핵과 전자 사이에도 공간이 많아요. 저 공간을 확대하면 어떻게 되나요?

저승사자는 더욱 확대시켰다.

> **해직** 확대한 거예요? 아무것도 안 보이는데요?
>
> **저승사자** 바로 그거다. 결국은 빈 공간이다. 계속 확대하면 아무것도 없다. 네가 보는 것처럼 하얀 빈 공간이 보일 뿐이지. 희다는 것은 빛이 있다는 것이고. 결국은 빛뿐이다. 빛은 곧 신과 같지.
>
> **해직** 내 손에 나무 막대기가 빛의 구성체라고요!?
>
> **저승사자** 빛이 모여 물질이 된다는 거다. 빛은 에너지이지. 모든 물질은 빛 에너지로 이루어져 있다. 이건 너희 인간 세상에서 포프Fritz-Albert Popp라는 과학자가 이미 밝혀냈다. 다른 과학자들에게 온갖 멸시를 받으면서도 끝까지 해냈

지. 인간이 가진 DNA는 엉켜 있는 가닥이 풀릴 때마다 아주 작은 빛을 방출한다. 빛을 머금고 있었다는 반증이지. 세포들의 합성을 할 때도 빛을 흡수하고 방출한다. 방출된 빛은 진동한다. 그 진동이 에너지가 되고, 그 진동이 여러 다른 진동과 만나서 합을 이루고, 에너지를 교환하고 다시 빛을 흡수하고 방출하는 과정을 반복한다. 여기서 나오는 에너지를 인간은 조종할 수 있다. 원하는 형태로 바꿀 수 있다는 거지.

해직 인간도 광합성을 하는 것처럼 보이네요? 그런데 빛 에너지를 인간이 어떻게 조종해요? 신이 아니고서야…

저승사자 네가 신이라고 몇 번을… 하… 됐다. 물질로 이루어진 인간이 물질에 영향을 끼칠 수 있는 건 생각 때문이다. 생각 또한 에너지이다. 생각을 어떻게 하느냐에 따라 물질에 영향을 줄 수 있지. 만약 기분 좋은 생각을 하면 그 주변이 모두 좋은 에너지의 흐름을 받는다. 반대로 부정적인 생각을 하면 마찬가지로 나쁜 에너지의 흐름으로 변한다. 즉, 너희 인간은 주변의 모든 에너지를 스스로 만들 수 있다.

해직 그럼 제가 복권에 당첨되는 생각을 하면 그게 에너지 파동으로 전달되어 현실이 된다는 말씀이에요? 그럼 세상 모두가 당첨되겠는데요? 그렇지 않잖아요…

저승사자 1,000억을 바라면서 1,000억이 나타날 리 없다고 생각한 것과 같지. 복권이 당첨되는 단 하나의 생각에 집중해야 가능하다. 너희는 어렵다고 생각하지. 한 번에 큰 걸 바라니까. 작은 것부터 하나씩 연습할 수도 있다. 너희 예수가 말한 것처럼 그저 구하라. 그리고 그것을 이미 가졌다고 믿어라.

해직 작은 것부터 어떻게 연습을 하죠? 지우개야 나타나라! 지우개는 사소하니까 나타날까요?

저승사자 너는 고전물리학을 맹신하면서 그게 나타날 거라 보느냐? 시작은 받기 어려울 것 같으면서도 받을 수 있는 애매한 것을 구해 보는 거다. 그저 그것을 달라고 구하라. 그러나 외부의 신에게 구하지 마라. 너의 내면의 신에게 말하라. 그리고 나서 주변을 관찰하는 거다. 분명 신호가 온다.

해직 엥? 스스로 말하고 주변의 신호를 보라고요?

저승사자 그래, 우연의 일치를 찾는 거지. 음… 자, 저 거울에 비치는 미국인을 들여다봐라. 그녀가 이 방법을 썼을 때 에너지장 색이 어떻게 변하고 주변에 어떤 일들이 벌어지는지 볼 수 있을 거다.

해직은 거울을 들여다봤다. 40대처럼 보이는 그 미국인은 이렇게 말하고 있었다.

팸 '나는 10만 달러가 필요해. 내가 그걸 가질 수 있다고 믿을 수 있도록 오늘 안에 완벽한 신호를 줘.'

그녀는 눈을 감고 계속 이렇게 되뇌고 있었다. 에너지장의 색이 무지개색으로 점점 변해갔다. 그리고 주변에 에너지들이 그것에 동화되기 시작했다. 갑자기 모르는 번호로 전화가 왔다. 그녀는 모르는 번호는 받지 않았지만 이게 신호일지 모른다는 생각에 전화를 받는다.

전화 속 목소리 팸 씨? 저는 『타임』지 편집장 샘입니다. 당신의 글을 우리 매체에 싣고 싶은데요, 생각 있으신가요?

펌 네, 물론이죠! 감사합니다!

저승사자 보이느냐? 내면의 신에게 당당하게 요구하고 신호를 요청하면 저렇게 가능하다.

해직 …저건 그냥 우연의 일치 아니에요?

저승사자 내 그럴 줄 알고 또 준비했다. 이번엔 저 캐나다인을 봐라.

해직은 다시 거울을 들여다봤다.

케인 지금 당장 복권 1등에 당첨되지 않으면 나는 완전히 망해! 신이시여! 제발 당첨되게 해 주세요! 그럼 평생 남을 도우며 착하게 살겠습니다.

캐나다인은 신에게 빌고 있었다. 전화가 왔다.

전화 속 목소리 케인 씨? 저는 경제범죄수사과 존입니다. 사건을 조사하던 중 여쭤보고 싶은 것이 있어서요. 댁에 계시나요? 사실 지금 집 앞입니다.

케인 '아…'

케인은 문밖에서 대기하고 있는 경찰을 확인하고 창문으로 도망쳤다. 하지만 잠복하고 있던 경찰들에 의해 붙잡혔다. 그는 잘못된 투자 유치로 빈털터리 경제범이 되어 있었다.

해직 …저는 도통 알 수 없는데요? 하나는 그냥 좋은 우연의 일치이고, 하나는 나쁜 우연의 일치 아니에요?

저승사자 여기선 두 가지를 볼 수 있다. 요청하는 대상과 태도다. 팸은 스스로에게 요청했다. 케인은 신에게 요청했지. 이미 대상이 틀렸다. 기도를 하려면 자기 안에 있는 신에게 해야 한다. 자신에게 필요한 건 오직 스스로만 만들 수 있기 때문이지. 그리고 요청하는 태도를 보자. 팸은 확신에 차 있고 신호에 따라 움직일 것을 저도 모르게 맹세했다. 하지만 케인은 불안하고 초조하다. 신이 저를 돕는 대가로 남을 돕겠다 한다. 외부의 신이 존재한다고 한들 그 말을 믿겠느냐? 저렇게 불안하고 초조해하는 사람을 어찌 믿을 수 있겠느냐?

그런 에너지를 너라면 믿을 수 있느냐?

해직 요구하는 대상과 요청하는 태도가 다르다!
오오! 감사합니다. 이해가 됐어요! 하지만 우
연의 일치일 뿐이라는 생각은 아직 들어요.

저승사자 거울을 통해 팸을 계속 보아라. 그럼 알 수 있
을 거다.

해직은 거울을 다시 들여다보았다.

팸 '이 방법이 정말 통할 줄이야! 진짜 대단해!
그럼 100만 달러도 가능할까? 가능하지 않겠
어? 자, 난 100만 달러를 가져야 해. 나에게
신호를 보내 줘. 오늘 안에 말야.'

팸은 그렇게 되뇌고 주변을 관찰하기 시작했다. 그녀 주변으
로 에너지장의 색이 변하고 에너지들이 동화되긴 했으나 큰
변화는 없어 보였다. 그녀는 설레고 들뜬 상태로 주변에서
일어나는 일들을 계속 관찰했으나 신호로 받아들일 수 있는
그 어떤 것도 없이 하루가 지나갔다.

팸 '아! 이건 안 되는 건가? 내가 요청을 잘못했

나? 왜 이런 걸까?'

팸은 잠시 고민에 빠지는 것 같더니 이내 털고 일어났다.

> **팸** '그래, 일단 처음 요청은 확실한 신호를 받았
> 어. 그럼 그건 지금 당장 내가 할 수 있는 일
> 이라는 거야. 100만 달러는 지금 당장 할 수
> 있는 게 아닌가 보지. 작은 것부터 요청하자.'

해직은 거울에서 눈을 떼고 잠시 생각에 잠겼다. 그러고는
갑자기 깨달은 듯이 저승사자를 존경의 눈빛으로 쳐다보며
말했다.

> **해직** 지금 이 순간이 가장 중요하잖아요? 지금 이
> 순간에 자신이 할 수 있는 최대를 받을 수 있
> 다. 그리고 그런 작은 순간들이 계속 쌓이면
> 서 큰 것도 할 수 있다. 그거군요! 그래서 작
> 은 것부터 연습해 보라 하신 거군요?
>
> **저승사자** 그래, 그거다! 지금 이 순간 네가 창조할 수
> 있는 건 이미 구축되어 있다. 그 구축된 것이
> 현실에서 어느 정도 가치인지 확인할 수 있

는 거지. 그래서 작은 것부터 연습하다 보면 큰 것도 할 수 있다. 하지만 여기엔 중요한 요소가 또 있긴 하다. 그릇 문제가 있지. 마음그릇이 크지 않으면 작은 것들만 나타나거나 큰 것이 나타나서 부를 이루어도 금방 없어지게 된다.

해직 마음그릇은 어떻게 확인하고 어떻게 넓힐 수 있나요?

저승사자 점점 큰 것을 요구해 보면 알게 될 것이고 만약 큰 것이 왔을 때 지키지 못하면 확인되는 것이지.

해직 그럼 해 봐야만 아는 거예요? 〈드래곤볼〉의 스카우터처럼 '저 사람의 마음그릇은 10만이군, 저 사람은 34만이군' 이런 거 없어요?

저승사자 마음그릇은 스스로 정하는 거라 수치를 잴 필요 자체를 못 느끼지. 자신이 정해 놓고는 수치를 왜 재려 하냐?

해직 악! 마음그릇마저 자신이 정했다고요? 마음그릇이 좁은 것, 넓은 것 모두요?

저승사자 그렇다. 너희는 태어나면서부터 경험을 하기 시작하고 그 경험에 의해 마음그릇을 정해 버린다. 사실은 무한인데 스스로 한계를 지어 버려. 참 어처구니가 없지.

해직 음… 경험에 의해 마음그릇이 정해져 버리면 돌이킬 수 없는 거예요?

저승사자 지금 이 순간이 가장 중요하다 하지 않았느냐. 그건 이미 과거다. 지금 이 순간 네 선택에 달려 있는 거지.

해직 아! 맞다! 그러네요! 마음그릇은 넓힐 수 있겠군요! 제가 지금 이 순간 어떤 생각을 하고 어떤 선택을 하느냐에 따라서요!

저승사자 그렇다. 바로 그거다.

해직 자 그럼 대망의 복권에 당첨되는 생각을 알려 주세요! 무슨 주문을 외워야 하나요?

저승사자 지금까지 이해했다 해 놓고는 다시 물어본다고? 너 정말…

해직 헤헤, 알아요~ 농담한 거예요~ 만약 제가 살아 있다면 복권에 당첨될 액수를 정해 놓고 내면에 묻겠어요. 그리고 확실한 신호를 보여 달라고 할 거예요. 그럼 그 신호에 따라 복권을 사러 가면 되겠죠. 그리고 액수를 점점 키워 볼 거예요~ 아… 그런데 전 죽었잖아요!

갑자기 너무 허망한데요? 인생 치트키를 얻었는데 인생이 없어…

저승사자 인생 치트키라… 하지만 인간은 이렇게 알려 줘도 대부분 하지 못한다. 제 마음그릇보다 큰 것을 주문했을 때는 반드시 시련이 따른다. 그걸 이겨내는지 보고 요청한 것을 준다는 거지. 이에 대해 좀 더 자세히 알려 주마.

해직 네, 궁금해요!

세상을 지배하는 보이지 않는 법칙

저승사자 세상에는 인과의 법칙, 카르마가 있다. 그건
우주의 리듬이다. 그 리듬을 거스르면 인간
은 좌절에 빠진다. 혹은 질병에 걸릴 수도 있
다. 어느 한 인간이 자신의 마음그릇보다 큰
것을 요청하면 리듬은 그 인간 안에서 뒤틀린
다. 다시 원상태로 회복하려면 인과의 법칙이
작용해야 한다. 뒤틀린 만큼 바로잡아야 하니
까. 반대 작용이 일어나는 거지. 이렇게 되면
주변에서 분명한 신호들이 온다. 그 신호들을
어떻게 받아들이고 어떤 선택을 할지에 따라
변화가 생길 것이다.

해직 음… 이해가 안 됩니다. 다시 원상태로 돌아
가려는 리듬이 있다는 건 알겠는데…

저승사자 예를 들어 주마. 만약 너의 마음그릇으로 벌

수 있는 최대 금액이 50억이라 해 보자. 너는 조금씩 요청하더니 하루는 너의 마음그릇을 시험해 보기 위해 100억을 요청했다. 그럼 리듬이 50억의 액수만큼 뒤틀린다. 그러면서 그 리듬을 다시 원상태로 돌리기 위해 50억이 드는 일이 네게 생긴다.

해직 네? 마음그릇보다 큰 걸 요청하면 그만큼 돈이 더 나갈 일이 생긴다고요?

저승사자 아니다. 리듬은 액수를 신경 쓰지 않는다. 네가 50억을 잃었다고 생각할 정도의 일이 생긴다는 뜻이다. 가령 아끼던 물건이 파괴될 수도 있다. 좋아하던 사람과 싸울 수도 있다. 네 주변에 안 좋은 일들이 벌어질 수 있다. 이때 그 일들을 네가 어떻게 받아들이고 대처하느냐, 그게 중요하다. 또 못 알아듣겠다는 표정이군. 과거로 간다.

저승사자와 해직은 해직이 해고를 당했던 때로 갔다. 살아 있는 해직은 해고 통보에 충격을 받지만 마냥 빠져 있을 수 없었다. 당장 무엇이라도 해서 먹고살아야 했다. 그는 노트북을 잡고 뭔가를 열심히 하고 있었다.

해직 아! 2023년 6월! 정확히 기억해요! 회사가 절 해고했죠. 이때 느낀 게 참 많았어요. 감히 날 자르다니… 여기서 제가 뭘 보면 될까요?

저승사자 너는 해고를 당하고서 무엇이든 해야겠다는 생각에 무자본으로 할 수 있는 일을 찾기 시작했다. 그러면서 알게 된 것이 자기계발이지. 자기계발서를 저 때부터 읽었지? 하지만 자기계발 서적들은 모두 결과를 놓고 말하기 때문에 과정의 중요성을 놓치는 경우가 많다. 그리고 마음그릇을 확인할 방법이 없지. 그저 하면 된다고만 한다. 너도 그렇게 시도했다. 너의 마음그릇은 1억도 안 되면서 100억을 바란다고 매일 썼다. 그랬지?

해직 네, 그랬죠… 내 마음그릇이 그렇게 작은 줄은 몰랐지만요…

저승사자 자, 네가 간절히 원할 때 99억만큼 뒤틀린 리듬이 너에게 작용한 사건들을 봐라.

해고당한 해직은 여자 친구에게 소리치고 있다.

해고당한 해직 우린 지금 돈이 없어! 너는 본가에 들어가면 그만이지만 나는 길바닥에 나앉을 판이라고!
너는 능력은 쥐뿔도 없이 내가 벌어 온 돈만
받아 쓰잖아! 생각 좀 하라고 제발!

해직은 저승사자와 함께 있다는 것을 잊은 채 소리쳤다.

해직 야, 이 멍청아! 그딴 식으로 말하면 안 되지!
사랑하는 사람에게 상처를 주고 있잖아!

들리지 않을 것을 알지만 해직은 너무 안타까웠다. 해고당한
해직은 더 심한 말로 여자 친구에게 쏘아붙였다.

해직 야! 그만하라고! 그만해!

해직은 과거의 자신을 보면서 이루 말할 수 없는 자괴감을
느꼈다.

저승사자 부끄러워할 필요 없다. 넌 이미 죽었고 그저
과거일 뿐이다.
해직 윤저에게 너무 미안해요… 저런 말을 퍼붓다
니… 진짜 미친 것 같아요!

저승사자 지금 그 감정이 99억만큼의 리듬이다.

해직 네? 갑자기요?

저승사자 마음그릇이 99억이 모자른 만큼 너에게 그 마음그릇을 채울 수 있는 기회가 주어졌다. 그런데 넌 여자 친구에게 심한 말을 함으로써 리듬을 정상으로 돌려놓았다. 아주 잘하는 짓이군…

해직 아… 그럼 마음그릇보다 큰 것을 요청했을 때 스스로 마음그릇을 넓힐 기회를 우주는 즉각 준다는 거군요? 그리고 그 대처에 따라 그릇은 넓어지거나 혹은 그대로를 유지하거나… 그렇군요… 그래도 나쁜 과거를 이렇게 떠올려서 알려 주는 건 좀 잔인해요…

저승사자 네가 멍청하니까 이럴 수밖에 없지! 네가 한 번에 알아들었으면 이런 귀찮은 짓 나도 안 한다! 넌 바라는 것이 네 마음그릇보다 항상 컸다. 그래서 싸움도 잦았다. 대체로 인간은 마음그릇을 넓히는 기회를 즉각 받아들이지 않으니 너무 자신을 탓하지 마라.

해직 혹시 저런 경우를 위해 마음그릇 측정기, 스카우터를 만들 생각 없으세요?

저승사자 자기가 한계를 지어 놓고는 무슨 측정을 한다는 거냐? 저런 일이 있을 때는 이렇게 생각을 해야 한다. '아! 이거 나의 과업이구나! 이걸 잘 해결해야 두 번 다시 나에게 일어나지 않겠구나!' 그럼 마음그릇이 넓어지고 같은 상황은 일어나지 않는다.

해직 오! 좋은 가르침 감사합니다. 그런데 순간 기억이 안 나면 어쩌죠?

저승사자 부처는 이럴 때 좋은 방법을 너희에게 알려주었지. 숨을 세 번 쉬어라. 그 세 번의 호흡에만 집중하라. 그럼 기억이 날 것이다.

해직 생전에 『금강경』을 읽을 걸 그랬나 봐요!

저승사자 읽었으면 좋았겠지. 『성경』도 좋다. 물론 신약만! 체계화된 종교에는 분명 가르침이 존재한다. 하지만 체계화되면서 깨달음과는 거리가 멀어졌다. 그럼에도 불구하고 알 사람은 다 알게 된다.

해직 궁금한 게 있어요!

저승사자 뭐냐?

해직 지금 제 마음그릇은 어떤가요?

저승사자 넌 죽었잖아! 그러니 너의 마음그릇은 0이다.

즉 무한이다.

해직 오! 그것참 대단한데요? 하지만 살아 있을 때 그랬어야 했는데 말이죠.

저승사자 그래. 그래서 삶이 중요한 거다. 창조주가 체험하라고 보내 줬더니 욕심만 잔뜩 가지고 가서 하나도 실현하지 못하고 똑같은 체험만 하고 돌아와서는 다시 체험하고 싶다고, 이번엔 잘할 수 있다면서 다시 간다. 그게 윤회다.

해직 오!? 윤회 수업도 하나요?

저승사자 아니, 아직 커리큘럼이 아니다.

해직 나온 김에 해 주세요!

저승사자 받아들이지 못하는 상태에선 할 수 없다. 인과의 법칙을 했으니 성장의 법칙을 해야겠군.

해직 오, 재미있을 것 같은 느낌이 듭니다.

세상은 성장한다. 나는? (1)

저승사자 수업을 이어서 하기로 하지. 창조의 도구인
생각에 대해 말해 줄 것이 아직 많다.

해직 그런데 궁금한 게 있어요! 저는 죽었는데 창
조의 도구를 알아서 뭐 하죠? 복권에 당첨될
수도 없고! 생각을 해서 물질화가 된다고 해
도 이미 죽어 쓸모도 없는데 말이죠.

저승사자 위에서 정한 일이다. 너에게 창조의 도구에
대해 그리고 세상의 이치에 대해 알려 주라고
하셨다. 토 달지 마라! 나도 귀찮지만, 명령이
기에 하고 있다!

해직 네, 알겠어요…

저승사자 너희 인간 세상의 예수는 이렇게 말했다. '무
엇이든지 기도하고 구하는 것은 받은 줄로 믿
으라.' 하지만 너희는 이 가르침을 따르지 못

했다. 믿질 못했던 것이지. 생각이 창조의 도구인 것을 알려면 세상이 돌아가는 이치에 대해 알아야 한다. 이미 몇 번 말했지만 이번은 좀 더 집중해서 듣도록!

해직 네, 알겠습니다!

저승사자 열의가 생긴 것 같군. 좋다. 세상이 어떻게 돌아가는 것 같으냐?

해직 말씀해 주신다면서 왜 갑자기 질문을… 음… 세상은 리듬이 있다고 하셨잖아요. 리듬에 따라 돌아가죠.

저승사자 그래, 그 리듬은 무엇일까?

해직 에너지장이죠.

저승사자 그 에너지장은 어떻게 형성이 되는 것일까?

해직 그건 생각으로 형성됩니다. 그리고 감정도요.

저승사자 그럼 너희가 세상의 리듬을 바꿀 수 있을까?

해직 집단으로 한 가지 생각을 하면 가능할 거 같긴 한데요? 거울로 세상을 들여다볼 수 있는 이 방이 사람들의 에너지장에 의해 색이 변하잖아요.

저승사자 알려 준 것을 모두 잘 기억하고 있구나. 그런데 본질적으로 변하지 않는 세상의 법칙이 있다. 그것은 리듬 안에서 불변이지. 불변의 리듬이라고 할까? 음악을 만들 때도 수많은 변칙을 주는 것 같지만 결국 코드의 흐름은 유사하다. 이와 마찬가지로 세상에도 불변하는 리듬이 있다. 그건 성장의 리듬이지.

해직 성장이요?

저승사자 주위를 둘러보면 세상은 계속해서 성장하고 있는 걸 볼 수 있다.

해직 나쁜 쪽으로 가는 것도 성장일까요?

저승사자 음… 어찌 보면 그럴 수도 있지. 하지만 내가 말하는 성장은 좋은 쪽이다.

해직 잘 모르겠습니다.

저승사자 생명이 태어나면 성장을 하게 되어 있다. 그렇지?

해직 그렇군요! 모든 생명은 성장이 본능이네요!

저승사자 그렇다. 나무도 새싹부터 시작하고 너희 인간도 아기부터 시작한다. 모든 건 성장하게 되어 있다. 그게 불변의 리듬이지.

해직 그건 알겠는데, 인간의 경우는 성인이 된 다음이 더 문제잖아요. 힘들게 돈을 벌어야 하고… 책임질 일이 많아지니…

저승사자 성장은 자라는 것만 있는 것이 아니다. 내면의 성장도 리듬 안에 포함되어 있다. 너에게 계속해서 되풀이되던 일도 성장을 위해서라고 말하지 않았나? 잠깐 물리학 수업을 해 보도록 하지.

해직 제가 이해할 수 있을까요?

저승사자 한계를 또 만드는 것인가?

해직 아…! 그러네요! 제가 물리학을 잘 이해할지도 모르죠! 네! 그렇죠! 암!

저승사자 그래. 너희 인간은 항상 한계를 짓는다. 한계란 없다. 일단 물리학 수업을 이어 가도록 하지. 자 여기 원자를 봐라.

저승사자는 손 위에 원자 하나를 띄워 해직에게 보여 줬다. 원자는 원자핵이 가운데 있고 그 주변에 수많은 전자가 일정한 궤도를 그리며 돌고 있었다.

저승사자 고전물리학에서는 에너지가 작용한 뒤에 소멸하는 줄로 알았다. 만약 그렇다면 이 전자가 일정한 궤도를 그리면서 어떻게 계속 핵 주변을 도는 것일까? 에너지가 다 하면 궤도는 점점 줄어들면서 핵에 부딪치게 되고 그럼 원자는 소멸해야 한다. 그런데 그렇지 않다.

해직은 유심히 원자를 쳐다보았다.

해직　저 이거 만져 봐도 되나요?
저승사자　만져 봐라.

해직은 전자에 손을 살짝 갖다 댔다. 전자는 에너지를 받은 것처럼 훨씬 더 큰 궤도를 그리며 돌기 시작했다.

해직　저한테 기운을 받은 것 같아요!

해직은 원자를 계속 지켜보았다. 에너지를 받았던 전자는 점차 힘을 잃더니 다시 원래 궤도로 돌아왔다.

해직　그냥 원래대로 돌아갔네요. 앗! 그래! 그러네요! 저에게 에너지를 받아서 큰 궤도를 그리던 것이 에너지를 잃고 원래대로 돌아갔다면 원래 궤도를 돌고 있는 에너지가 다했을 땐 분명 원자는 소멸해야 해요! 그렇죠? 그런데 왜 그 궤도를 계속 돌 수 있는 거죠?

저승사자 보이지 않는 에너지가 계속해서 보충되기 때문이다. 그게 양자물리학에서 말하는 영점장이다. 에너지장이라고도 한다. 성장의 법칙이 이제 이해가 되느냐? 인간을 포함해 모든 것은 에너지를 항상 공급받고 있다는 것이다. 그럼 자신의 내면에 따라서 더 많은 에너지를 공급받을 수도 있다는 뜻이다.

해직 아! 그렇군요! 그럼 내면의 성장에는 종결점이 있다는 걸까요?

저승사자 종결점이라… 그래, 그렇게도 볼 수 있다. 너희 인간 세상에서 그것을 깨달은 영적지도자들이 있다. 그들은 각기 자기만의 방식대로 깨닫게 되었지. 그들은 공통점이 있다. 그렇게 보면 종결점이라 볼 수 있지.

해직 결국 부처님이나 예수님이 되는 것이 종결점일까요? 인간이 그렇게 될 수 있나요? 그들은 신과 같은 존재잖아요.

저승사자 내가 거듭 말하지만 너희도 모두 신이다. 그걸 깨달은 자와 아직 깨닫지 못한 자일뿐이다. 너희 인간 세상에서 큰 노력을 들이지 않고도 부자가 되는 사람들은 성장의 법칙이 있다는 걸 잘 알고 있다. 깨달음까지 가지 않아도 부자는 충분히 될 수 있지. 인간들이 부자를 종결점으로 삼는 게 문제다. 종결점은 그 한참 위에 있다.

해직 그럼 가난해야 하나요? 깨닫기 위해서?

저승사자 아니다. 내면이 성장하면 부자가 될 수 있다. 결국 부자가 되는 것은 마음공부를 하는 것과 같다. 너희 인간들은 내면 성장에 이상한 프레임을 씌워 놓았다. 내면 성장은 스스로 여유를 갖는 것을 말한다. 남을 돕는 따뜻함은 그 다음이다. 자기보다 먼저 남을 돕는 것은 이타적으로 보이지만 결국 자기를 버리는 행위가 된다. 성장을 하지 않았기 때문이다.

해직 이해가 안 돼요! 내면의 성장이 되는 거 아니에요? 이타적인 마음은 좋은 거잖아요!

저승사자 자신을 버려가며 남을 돕는 것은 이타적인 것이 아니라 자기 성장을 하지 않는 나쁜 행위다. 그냥 위안을 삼은 것뿐이다. 남에게 기대어 위안을 삼은 것이지. 그게 더 나쁘다. 거울을 보아라.

서기 3172년

직원 사장님, 금성과 연결이 끊겼다고 하던데요?
무슨 일이 벌어지지 않을까요?

진석 무슨 말이야?

직원 원로들에 따르면 금성 사람들이 언젠가부터
연결 고리를 끊었대요. 우리는 하나여서 모두
느낄 수 있잖아요. 그런데 갑자기 금성 사람
들이 보이지 않기 시작했대요.

진석은 알 수 없는 위기감을 느꼈지만 이내 기우로 치부했
다. 너무나 평온하고 모두가 하나인 시대라서 그럴까? 무슨
일이든 심각하게 생각하지 않는 분위기도 있었다.

진석 금방 다시 연결되겠지.

눈을 감고 금성에 이주한 사람들을 느끼고자 한 진석은 연
결을 방해하는 뭔가가 있는 걸 알 수 있었다.

진석 뭔가 연결을 막고 있는 느낌인데?

직원 뭐, 별일 없겠죠?

진석 그래… 아무리 태생부터 에고가 센 사람이라

해도 금성에도 감정상쇄기는 있으니까. 관리

하에 에고를 죽이는 연습을 하고 있을 거야.

훈련이 잘된 사람은 지구로 돌아오잖아.

직원 하긴… 잠깐 이상한 거겠죠…

병적인 에고의 작동 방식 (2)

영신은 말없이 에고를 계속 관찰했다. 아이가 사춘기가 되니 에고는 더욱 활발해졌다. 밑도 끝도 없이 설쳐댔다. 그리고 무엇보다 너무 분리적으로 생각해 위험해 보였다. 세상의 이치에 대해 전혀 모르고 있었다. 세상은 항상 반작용이 있고 인과가 뚜렷한 곳이다. 저렇게 에고를 내버려두면 아이의 인생을 망칠 게 분명했다. 지금도 아이는 위험한 행동을 서슴지 않았다.

> **아이** '친구들이 슈퍼에서 물건을 훔치네? 걸리지도 않고… 나도 해 볼까?'
>
> **에고** 맞어! 그래! 해 보자!

아이는 이제 중학교 2학년이었다. 영신은 이해되지 않았다. 영신이 사는 세계에서는 훔친다는 표현 자체가 없었다. 에고는 물건을 훔침으로써 다른 아이들에게 우쭐대고 싶어 했다. 아이가 슈퍼마켓에 홀로 들어갔다. 과자 코너에 가서 사람들이 있는지 없는지 살폈다. 영신은 이제 이해했다. 정당한 값을 치르지 않은 채 가져오려 한다는 걸. 이 시대에서는 돈이라는 상징으로 값을 대체했다. 영신은 돈이 아닌 에너지를 교환함으로써 모든 값을 치러 왔지만, 여기서는 돈이 그것을 대체했다. 값을 치르지 않으면 허공을 떠돌던 에너지는 반작용을 만들어 내고 그곳에서 부정적인 것이 생긴다는 걸 영신은 알고 있었다. 영신은 아이가 훔치지 않으면 좋겠다고 생각했다. 아무리 작은 것이어도 반작용 에너지가 아이에게 해롭게 작용할 것 같았다.

아이 '아냐… 이런 짓을 할 순 없지!'
에고 아니 왜! 난 그런 신호를 보내지 않았어! 너 왜 그래, 갑자기?

에고는 영신을 노려보았다.

에고 네가 한 짓이지? 어떻게 영향을 줬지?

영신은 스크린과 에고를 보며 의아해했다. 단지 하지 않았으면 좋겠다는 생각을 강하게 했을 뿐이었다. 갇힌 뒤로는 어떤 생각을 해도 아이에게 닿지 않았는데, 지금은 닿은 것일까?

영신 아이에게 해로운 것까지 경험이라는 핑계로 시도하게 만들지 마… 지금 네가 하는 일은 옳지 않아…

에고 닥쳐! 넌 경험도 안 해 봤으면서 이게 좋다 나쁘다 판단할 수 있어?

영신 그렇게 모든 것에 동일화를 시키지 않아도 돼! 넌 너로 존재할 수 있어!

에고 또 알 수 없는 소리만 하고 있네! 난 경험하기 위해서 뭐든지 할 거야. 하지 않으면 알 수 있겠어? 그러니까 하는 거야!

영신 물건들을 아무리 많이 가져도, 자랑하면서 우월감을 느껴도 결국엔 허망할 뿐이야!

에고 닥치라고! 아이가 스스로 멋지게 행동하고 있잖아! 보라고!

영신은 스크린을 봤다. 아이는 친구들과 함께 슈퍼마켓에서 물건을 훔치며 흡족해하고 있었다.

영신 '아… 이런… 내가 할 수 있는 건 순간뿐인 건가…'

그렇게 시간이 흘렀고 아이는 어느덧 성인이 되었다. 다행히 훔치는 짓은 얼마 안 가 그만두었다. 친구 중 하나가 걸려 된통 혼나는 모습을 보고 난 뒤였다. 에고는 그런 순간에도 자신은 들키지 않은 것을 다행으로 여겼고, 혼난 친구를 비난했다. 영신은 아이가 친구를 위로하고 그런 행동을 하지 않기로 함께 결의하기를 바랐다.

그동안 영신은 에고를 관찰하며 분석하기 시작했다.

영신 '에고는 첫째, 외적인 것을 자신과 동일화한다. 지위나 명예, 신앙, 고급 상품, 외모 등… 자기 혼자 오롯이 존재하지 못할 것이라는 두려움이 있는 게 확실하다. 둘째, 에고는 자기 자신과 타인을 규정하고 분리한다. 이것이 가장 큰 문제다. 하나로 연결되는 느낌을 끊고 다른 것들에 계속해서 기대다 보면 자신의 존재가 없어지기 때문이다. 셋째, 어렸을 땐 두려워하지 않았지만 성인이 되어 갈수록 새로운 경험에 두려움을 느끼기 시작한다. 경험이 쌓일수록 과거가 미래를 반영하도록 만들고 있다. 과거는 과거일 뿐이고 미래는 지금 이 순간이 결정한다는 사실을 전혀 깨닫지 못하고 있는 것 같다. 넷째, 에고는 모든 사건을 외부의 시선으로 바라본다. 외부로 눈을 돌리면 아무것도 해결하지 못한다. 내면을 보고 내면의 신이 하나와 연결되어야 모든 것이 원활하게 됨을 분리를 통해 잊은 것 같다. 그리고 가장 중요한 것은 아이가 내적 갈등을 겪을 때 나오는 에너지들이 에고에게 직접적으로 전달되고 있다. 에고는 그것을 보지 못한다. 이건 나만 알고 있는 것이 확실하다.'

영신은 에고와 내면 에너지를 관찰하면서 아이에게 직접 연결될 방법을 연구했다. 실험이 더 필요했다.

이타심이라는 가죽을 쓴 사람들

저승사자 여기 성장의 리듬 안에 있으면서 그 리듬을
무시하고, 남을 도우면서 자기 위안을 삼고,
자기가 남들보다 더 위대한 사람인 줄 착각하
는 사람이 있다. 자 한번 들여다봐라.

해직은 거울을 봤다. 남루한 옷차림을 한 사람이 대출까지
받아 남을 돕고 있었다.

해직 저도 이런 적 있어요. 제가 돈이 없었던 적이
많아서 힘든 친구의 감정이 고스란히 느껴져
대출해서 돈을 꿔 줬죠. 결국엔 제 마음만 상
했어요. 그 친구는 둘째를 낳고 차를 새로 바
꾸는 동안에도 돈을 갚지 않았어요. 제가 전
전긍긍하며 돈을 갚아 달라고 하는데도 미안

하다 말만하며 계속 미뤘죠. 아마 내 이혼에
도 영향을 끼쳤을 거예요.

저승사자 네가 없는 살림에 친구에게 돈을 빌려준 건
스스로를 그 친구보다 위대하다고 착각했기
때문이다. 그러니 네가 힘들어지는 건 당연하
지. 네가 그렇게 생각했던 인과가 작용한 것
이다. 그리고 또 다른 요소도 있다. 사람은 아
는 것만 보인다. 너 자체가 쪼잔한 구석이 있
기에 그 친구의 쪼잔함을 훨씬 잘 볼 수 있었
던 것이지. 그건 전적으로 너의 잘못이다. 친
구 잘못이 아니다.

해직 돈을 제때 갚지 않은 친구가 잘못한 것이 아
니라고요?

저승사자 너는 스스로 그 친구보다 위대하다는 생각을
하면서 이미 위안을 얻었다. 그게 네가 원한
전부이지. 돈을 돌려받을 생각은 네가 힘들어
지면서 생겼다. 지금 네가 보고 있는 자와 너
는 같은 생각을 했다. 그러니 이 또한 성장을
위하는 것이라는 걸 모르고 성장의 리듬에서
벗어나고 있지.

해직 무슨 말씀인지 잘 모르겠어요…

저승사자의 수업

저승사자 성장하는 리듬은 사랑이 근본이다. 그런데 너희는 사랑을 근본으로 두지 않았다.

해직 사랑으로 남을 도와준 거 아니에요? 더 이해가 안 가는데요…

저승사자 사랑이 아니라 자기 위안을 삼았기 때문이다. 사랑으로 남을 돕는 사람은 자신도 사랑한다. 자신을 망치면서 남을 돕는 것은 자기를 사랑하지 않는 것이다.

해직 조금 이해가 되는 것 같아요! 그런데 사랑 없이 남을 돕는 것이 어떻게 위안이 되죠?

저승사자 인정 욕구 때문이지. 인간의 내면에는 두 명이 존재한다. 그중 에고가 그걸 바라기 때문이지. '이렇게 하면 날 다르게 보겠지?', '너를 도와주면 날 인정하겠지?' 에고는 눈에 보이는 모든 것을 자신과 동일화시키려 한다. 도와주는 행위도 결국 상대방의 인정을 가지려하기 때문이지.

해직 그럼 사람들의 선행이 모두 위안이나 우월감을 느끼기 위한 행동이라는 거예요?

저승사자 진정한 사랑에서 비롯된 선행을 베푸는 사람도 있다. 극히 드물지만 말이다. 하지만

99.9퍼센트는 그렇다. 대부분 에고에 의해 움직인다. 내면에 에고와 함께 있는 본래의 나가 움직였다면, 굳이 남을 돕지 않아도 모든 것이 완벽함을 알기에 그런 식으로 행동하지 않을 것이다.

해직 본래의 나요? 한 번도 느껴본 적 없어요.

저승사자 아니 넌 느낀 적이 많다. 만약 본래의 나가 활동하지 않았다면 넌 보다 훨씬 전에 죽었을 거다. 네 행동이 에고가 한 것인지 본래의 나가 한 것인지 구분을 못할 뿐이다. 스스로에게 물은 적 없으니까. 에고와 본래의 나는 수업을 진행하면서 계속 나올 것이다. 그때 에고가 작동하는 방식도 알려 주마. 다시 성장의 법칙으로 돌아가자.

세상은 성장한다. 나는? (2)

저승사자 생각은 창조의 도구라는 걸 이제 좀 알겠느냐?

해직 아… 음… 솔직히 잘 모르겠어요. 왜냐하면 그걸 알려 주다가 항상 더 큰 뭔가를 말씀해 주셔서요. 제 머리로는 한 번에 이해하기 힘듭니다.

저승사자 지금 내가 잘못하고 있다는 말인가?

해직 아! 아뇨, 아뇨! 아닙니다~ 헤헤.

저승사자 그럼 네 말대로 계속 더 큰 얘기로 이어 가지. 성장의 법칙이 이 세상에 존재함을 이야기하다 이타심의 가죽을 쓴 사람들을 이야기했다. 맞지?

해직 네, 맞습니다. 그 전엔 생각이 창조의 도구라고 말씀하셨고요.

저승사자 성장의 법칙을 마저 다루기로 하자. 모든 생명은 성장한다. 원자를 통해 보았듯이 에너지를 항상 공급받을 수 있다. 사실 마음그릇을 설명하면서 이도 같이 설명한 셈이지만.

해직 아! 마음그릇을 넓히는 것도 성장이라는 거군요?

저승사자 그렇다. 인간에게 발생하는 문제는 모두 성장을 위함이다. 거울로 한 소녀의 생을 보자.

해직은 거울을 들여다봤다. 미국의 어느 시골 동네에 있는 어린 흑인 소녀였다. 그녀는 하염없이 울고 있었다.

해직 한 소녀가 울고 있어요. 왜 우는 거죠?

저승사자 그녀는 친척 집에 맡겨졌다. 집이 가난하여 어쩔 수 없었지.

해직 그런데 왜 울죠? 친척이 괴롭히나요?

저승사자 묻지 말고 봐라!

해직은 지켜보았다. 어린 소녀는 심각한 학대를 당하고 있었다.

해직 아니 무슨 저런 친척이 다 있어! 미친 거 아
냐! 저런 일이 지구상에서 정말 일어나고 있
다니!

저승사자 너희 인간 세상에서 매우 흔한 일이다.

해직 저런 때려죽일 놈들이 있나!

저승사자 열 낼 필요 없다. 소녀가 저 상황을 어떻게 받
아들이는가가 중요하다.

해직 아니 친족 성폭행으로 아이까지 임신했는데,
뭘 어떻게 받아들여요?

해직은 소녀를 계속 지켜보았다. 소녀는 나이가 너무 어려
유산했다.

거울 속 소녀 나에게 이런 불행이 일어나는 이유가 뭘까…?

거울 속 소녀는 운명을 원망하며 마약에 빠져들었다. 하지
만 이내 마음을 고쳐먹고 스스로에게 자문하기 시작했다.

거울 속 소녀 이렇게 무너질 수 없어. 강인한 어른으로 거
듭나는 과정으로 삼겠어.

해직은 소녀가 너무 대견했다. 소녀는 지금 할 수 있는 일이 무엇인지 찾기 시작했다. 공부밖에 없었고 소녀는 무섭게 학업에 매진했다. 벗어날 방법은 그것밖에 없다고 생각했다. 소녀가 점점 성장하는 걸 해직은 지켜보았다.

해직 어? 많이 보던 사람 같은데요?

그 소녀는 지역방송국 최초 흑인 여성 앵커가 되었다.

해직 아! 오프라 윈프리잖아!?

저승사자는 참을 수 없어 손가락을 튕겼다. 해직의 입은 벌릴 수가 없게 되었다.

해직 음음음음으뭉므으므음음!!!
저승사자 그냥 보라고 했지?
해직 '쳇. 내 안의 신이 발현되기만 해 봐라! 저승사자놈!'
저승사자 속으로 하는 말도 다 들린다?

앵커가 된 그녀는 이제 성장 가도를 달릴 것 같았는데 돌연 해고를 당했다. 당시 사회는 흑인이, 그것도 여성이 앵커가 되는 건 참을 수 없었던 것이다. 하지만 그녀는 그것 마저도 이겨내고 성장했고 결국엔 세상 모두가 아는 사람 중 한 명이 되었다. 게다가 매우 큰 부자가 되기도 했다.

저승사자 저 소녀를 보며 무엇을 느꼈냐?

해직 존경스러워요. 저런 일을 극복해 내다니… 저는 도저히 못할 것 같은데요…

저승사자 그녀는 세상이 성장의 법칙에 따라 흘러간다는 걸 알게 된 거다. 그러니 이겨 낼 수 있었던 것이다. 결국 인생은 우상향 그래프와 같다. 그런데 우상향으로 가지 못하도록 스스로 한계를 만든다. 한계에만 머물면 그나마 다행이다. 한계에 부딪히면 고꾸라진다. 그렇게 인생이 고달퍼지지.

해직 어차피 성장한다는 생각을 가지니 모든 것이 쉬워 보일 수 있겠네요!

저승사자 그래 그거다! 수업을 하고 있는 보람이 느껴지는군! 다음 수업으로 간다.

해직 네. 다음은 뭔가요?

저승사자 세상을 알아가는 수업이지.

해직 네? 세상에 법칙이 이렇게 많나요?

저승사자 두 개밖에 안 했는데 많다고? 총 일곱 개가
있다.

해직 성장의 법칙이랑 인과의 법칙… 그리고…
아… 그러네요! 두 개밖에 안 했네! 다른 법칙
도 궁금해요.

저승사자 …좋다. 하지만 이 법칙들을 전부 이해하려면
기초 지식이 필요하다. 그것부터 알려 주지.

해직 알아야 할 게 정말 많네요. 뭔가 설레는데요?

저승사자 열의가 있어 보여서 좋군! 가자!

서기 3172년

원로들이 모여서 회의를 하고 있다.

원로 1 금성과 연결이 완전히 끊겨 확인을 해 봐야
할 것 같소. 다른 원로들은 어떻게 생각하십
니까?

원로 2 금성은 우리보다 발달 수준도 낮아 큰일이 일
어날 것 같지는 않습니다.

원로 3 에고가 강한 인간들이기에 분명 지들끼리 전쟁을 하고 있을 겁니다.

원로 4 하하하! 맞는 말이오. 에고가 강하면 서로 가지려 들기 때문에 어쩔 수 없죠. 하하하.

원로 5 하지만 관리감독자들과도 연결이 끊긴 것은 이상하지 않습니까?

원로 2 그들은 이미 돌아와 있소.

원로 5 뭐라고요? 그들이 온 것을 전혀 느끼지 못했는데요?

원로 2 그들이 금성 사람들과 너무 동화되는 것 같아 내가 불러들였소. 그런데 이미 에고가 강해져 있어 잠시 연결을 끊은 게요. 지금 그들은 감정상쇄기를 쓰고 있소.

원로 1 아니, 그럼 금성은 누가 관리하고 있단 말이오?

원로 2 너무 걱정 마시오. 그들에게도 감정상쇄기는 있고, 만약 쓰지 않는다면 지들끼리 전쟁밖에 더 하겠소.

원로 1 너무 무책임한 것 아니오? 그들도 우리와 같은 인간이자 신이오. 분리를 하다니 원로답지 않습니다!

원로 2 나는 분리를 한 것이 아니오! 그들의 에고가 강한 것을 내 어찌하라는 거요?

원로 1 그들도 우리의 소중한 일원들이오. 당장 확인을 해야겠소!

원로 2 정 그렇다면…

금성 관리감독이 갑자기 회의장으로 뛰어 들어왔다.

관리자 그들이 전쟁 준비를 하고 있습니다! 지구를 침공하려 합니다!

원로 1 뭐라고요? 아니 어떻게 그걸 우리가 모를 수 있소?

관리자 연결을 끊어 낼 수 있는 장치를 만들었어요! 그들은 에고대로 살기로 결정한 것 같습니다. 감정상쇄기를 모두 부셔 버렸어요!

원로 2 감독관! 나에게 지금까지 보고한 것과 다르지 않나!?

관리자 원로님, 그건 제가 보고한 것이 아닙니다. 금성인들이 한 거예요. 벌써 수십 년 전부터 관리 감독이 원활하지 않았고 지금은 감독실도 모두 점령 당했어요. 저희로서는 그들을 막을 수 없었습니다. 점령할 거라는 생각조차 못했어요! 우리는 몇백 년 동안 에고를 누르기만 했지, 에고를 알려고 하지 않았어요! 그래서 당한 겁니다. 에고는 강하고 몰상식해요! 우리의 상상을 뛰어넘습니다!

원로들은 탄식했다. 회의는 계속해서 이어졌다. 그러는 동안 금성에는 전쟁 준비가 진행되고 있었다.

서기 2572년 금성

태생부터 에고가 강한 자를 분별하여 보내는 장소이기 전에 금성은 제2의 지구였다. 그 전에 개척 별 후보로 화성이 있었다. 화성으로 탐사대를 보냈지만 행성 내부부터 완전히 식어 거주가 불가능했다. 금성은 대기의 주를 이루는 이산화탄소를 산소로 바꾸고, 태양풍을 막을 방어막을 설치하면 살 수 있다는 결론이 났다. 문명 기술의 발달로 가능한 이야기였다. 금성으로 이주를 결정한 후 100년간 금성을 인간이 살 수 있는 별로 개척했다. 그때부터 300년간 많은 사람들이 이주해 왔다.

서기 2972년 금성

지구인들 대부분이 영성에 접어들었지만, 금성은 그렇지 않았다. 예전 지구처럼 환경 오염과 시기, 질투가 팽배했다. 지구에서는 이를 관리하기 위한 관리를 파견했고, 이때 금성인들을 제어하기 위한 감정상쇄기가 최초로 만들어졌다. 영신이 있는 200년 후에는 지구인들도 이를 사용하지만 금성인은 강제이고 지구인들은 자율이라는 점이 달랐다.

감정상쇄기로 인해 지구인들처럼 영적으로 깨이는 금성인들이 생기기 시작했다. 그들은 지구로 돌아왔다. 하지만 그렇지 않은 사람들은 금성에 계속 남아야 했다. 지구에서 태어났다 해도 에고가 강하면 금성으로 보내졌다.

지구의 원로들은 인간이 하나에서 출발한 점을 활용해 금성인들의 정신과 연결될 수 있었다. 그러나 그들이 보는 것을 같이 볼 수 있을 뿐 그들의 정신에 개입하는 것은 불가능했다.

서기 3072년 금성

원진은 강한 에고 때문에 금성으로 보내진 수많은 아이 중 하나였다. 부모와 떨어져서 또래 아이들과 함께 자랐다. 이따금씩 부모가 지켜보고 있다는 느낌을 받기도 했는데, 실제로 지구에 있는 부모가 아이와 연결했을 때였다. 하지만 원진은 그 느낌이 싫었다. 처음은 따스했지만 점차 감시로 느껴졌다. 원진은 불과 5세의 나이 때 자기 의사와 상관 없이 금성으로 보내졌다는 게 불만이었다. 원진은 금성에 온 아이들 중에서도 에고가 강해 보육원에서 멸시를 당했다. 지구에서 온 감독관인 자기들은 신이고 여기 금성인들은 인간일 뿐이니 통제받아야 하는 현실도 싫었다. 거기다 강제로 감정상쇄기를 사용하여 기쁨과 슬픔을 마음껏 느끼지 못했다. 에고를 없애면 지구로 돌아갈 수 있다고 하지만 그럴수록 원진은 지구인들을 향한 반항심만 커졌다.

> **원진** '이렇게 내 삶을 감시받아야 하다니… 게다가 여기 금성은 시기와 질투만 가득해… 나는 나의 자유 의지대로 살겠어! 먼저 그들이 나를 보지 못하도록 만들어야 해.'

성인이 된 원진은 감정상쇄기를 사용하지 않고도 에고를 줄인 것처럼 보이는 방법을 연구했다. 그러려면 신이라 불리는 그들을 관찰해야 했다. 원진은 관리감독관이 있는 감독실에서 일하기를 자청했다. 그리고 가까이서 그들을 관찰했다.

> **원진** '그들은 마치 감정이 없는 듯 평온한 것 같은
> 데 어딘가 인간이라 보기에 어려운 부분이 있
> 다. 그런 게 신인가? 나는 인간인데 인간으로
> 사는 것이 뭐가 문제인 거지?'
>
> **감독관** 원진, 감정상쇄기를 사용해야 할 것 같네. 지
> 금 하는 생각은 매우 문제적이네.
>
> **원진** 네? 무슨 말씀을…
>
> **감독관** 자네가 무슨 생각을 하는지 우리는 모두 알고
> 있네. 우리는 하나에서 나왔기에 모두 연결되
> 어 있네. 우리는 인간이자 신일세. 인간적인
> 마음보다 신에게 내맡기는 삶을 살아야 하네.
> 지금 바로 감정상쇄기를 쓰도록 하게.
>
> **원진** …네, 알겠습니다.

이 일을 계기로 원진은 감독실 일을 그만두고 신과의 연결
을 끊기 위해 내면의 신을 없애는 데 더 몰두하기 시작했다.
에고를 강하게 하면 할수록 내면의 신이 설 자리는 없을 것
이고 그러면 에고에 의해 자연스럽게 연결이 끊길거라 생각
했다. 에고는 어디서 오는가? 원진은 내면을 관찰하기 시작

했다. 에고가 생기는 곳이 어디인지 알고 싶었다. 가장 극단적인 감정을 끄집어내는 것부터 시작했다.

> **원진** '살인…? 살인을 할 때 느끼는 희열이 있겠군. 음… 하지만 여기 시스템 안에선 내 삶을 망칠 뿐이야… 앗! 이거구나! 이거야! 에고는 여기서 나오는 거였어!'

원진은 살인을 상상하면 희열감과 동시에 죄책감을 느끼는 내적 갈등에 의해서 에고가 강해지는 것을 느꼈다.

> **원진** '감정상쇄기로 에고를 줄였다고 하지만 난 오히려 더 느낄 수 있었어. 에고의 공백이 채워지는 순간이 바로 이거구나. 내 안에서 갈등을 일으킬 때였어!'

원진은 내적 갈등을 강화하기 시작했다. 말도 안 되는 상상으로 감정의 극과 이성의 극을 오가면서 계속해서 에고를 키워 나갔다. 어느 정도는 효과가 있었다. 감시받는 느낌이 사라지고 세상에 온전히 존재하는 것 같았다. 에너지장을 에고가 차단한 것이 느껴졌다. 원진은 근원과 확실히 단절되었음을 느꼈다. 지구의 관리인들은 그를 이상하게 쳐다보면서도 막지 않았다. 왜냐하면 그렇게 에고가 강한 사람을 본 경험이 없었고, 원진이 무슨 생각을 하는지 보이지 않으니 오히려 자기가 근원과 끊겼다고 생각한 것이다. 원진은 감독관들이 에고의 발생 근거를 모른 채 감정상쇄기에 의존한 점, 본인이 신이라는 자만에 빠져 있는 점을 이용했다.

> **원진** '그래… 이거야! 그들은 완전히 자만하고 있어. 그러니 내가 읽히지 않는 것이 시스템 문제라 오판하고 있지! 감정상쇄기나 많이 이용해라!'

하지만 에고를 더 강하게 해도 내면의 신을 아예 없앨 수는 없었다. 인간은 본래 하나에서 나오기에 어쩔 수 없었다. 그래서 원진은 에너지장을 차단하는 막을 연구하기 시작했다. 차단막은 금세 완성되었다. 감정상쇄기가 가진 아원자의 에너지 상태를 역이용하면 되었다. 감정상쇄기에 있는 에너지의 흐름으로 차단막을 형성하면 겉에서 보기엔 아무 문제가 없는 것처럼 보일 수도 있었다.

> **원진** 보육원에서 배운 물리학이 이럴 때 도움이 되

는군! 이제 아무도 나를 감시할 수 없어! 난
이 세상에 온전히 독보적인 존재가 되었다!

원진은 자유를 느꼈다. 시간이 지날수록 이 자유를 보다 많
은 금성인이 느끼면 좋겠다고 생각했다. 어린 시절을 함께
지낸 보육원 친구들을 불러서 실험을 해 보기로 했다.

> **원진**　애들아, 같이 감정상쇄기 사용할래?
>
> **친구들**　감정상쇄기는 항상 정해진 시간에 사용하도
> 록 되어 있잖아? 같이할 이유가 있어?
>
> **원진**　함께하면 좋잖아! 보육원에서 물리학을 내가
> 제일 잘했던 것 기억하지? 내 감정상쇄기에
> 좀 특별한 장치를 추가했어. 이거면 더 빠르
> 게 신이 되어서 지구로 갈 수 있을지도 몰라.
>
> **친구들**　그래? 네가 가장 뛰어나긴 했지. 항상 1등만
> 했으니까 말이야. 그럼 시간 맞춰서 갈게! 지
> 구로 갈 수 있다니 너무 좋은 걸?

원진은 역으로 만든 감정상쇄기를 사용하면 어떤 변화를 겪
는지 알고 싶어 친구들을 속였다. 이윽고 친구들은 원진이
사는 곳으로 왔고 그들은 아무것도 모른 채 신이 되어 지구

로 돌아갈 생각에 들떠 있었다.

> **원진** 자 그럼 한명씩 하도록 하자. 준비된 사람부터 말해 줘.

친구들은 너도나도 먼저 쓰겠다고 했다. 원진은 친구들을 달랜 뒤에 한 명씩 사용하게 했다. 한차례 돌고 난 뒤 친구들은 완전히 달라진 자신을 발견했다.

> **친구들** 이건… 뭐야? 연결이 완전히 끊겼어! 감시당하는 느낌이 없어! 완전히 자유로워진 것 같아! 이게 신인가?
>
> **원진** 얘들아 잘 들어. 사실 이 기계는 에고를 더 강하게 하고 내면의 신이 나오는 에너지장을 막아 줘. 그래서 연결을 끊고 감시당하지 않게 되는 거지. 우리는 지금까지 에고가 강하다는 이유로 멸시를 받아왔어! 하지만 이제는 강한 에고가 세상을 바꿀 때야!

친구들은 당황해서 머뭇대면서도 하나씩 동의하기 시작했다. 어릴 때부터 원진을 가장 따랐던 성범이 먼저 말했다.

성범 나는 오히려 좋아! 나는 너랑 함께할 거야. 지구놈들에게 감시당하며 살고 싶지 않아!

친구들 나… 나도… 그래!

원진 이게 우리의 시작이 될 거야. 우리같이 에고가 강한 사람들을 더 많이 만들수록 금성은 지구로부터 완전한 독립을 할 수 있어!

성범 하지만 원진, 에고가 강한 사람들만 있으면 예전 지구처럼 전쟁만 하게 되지 않을까?

원진 아니 꼭 그렇진 않아! 그리고 설사 그렇게 되더라도 우리는 인간답게 살 수 있어! 인간답게 서로 싸우고 질투하고 시기하고 화해도 하면서 어울려 살 수 있어! 무엇보다 감시당하지 않아도 돼!

점점 원진과 친구들의 뜻을 함께하는 사람들이 늘어났다. 그들도 함께 차단막을 사용하기 시작했다. 이제 금성은 지구의 감시에서 벗어났다.

원진 자, 여러분. 우리 금성인은 지구로부터 완전히 독립해야 합니다! 에고가 강한 자들이 더 우월하다는 걸 그들에게 보여 줍시다! 우리는 인간입니다! 신이 아닙니다! 인간으로서 인간답게 사는 것이 왜 쉽니까? 우리는 인간으로서 금성에서 독립할 수 있습니다!

원진을 주축으로 금성 독립을 추진하는 조직이 만들어졌고 조직은 완전 독립을 위해 지구를 공격해야 한다는 결론에 이르렀다. 그렇게 그들은 전쟁 준비를 시작한다.

> **원진** 먼저, 금성 전국에 있는 관리국들을 하나씩 점령하고 지구에는 거짓된 정보를 계속 흘립시다. 아직 많은 금성인들이 연결되어 있으니 조심히 움직여야 합니다!

연설을 마친 원진은 성범에게 따로 이야기했다.

> **원진** 성범! 관리국을 점령하는 즉시 지구로 보내는 정보들을 조작해 줘.
> **성범** 그래, 내게 맡겨!

조직은 가까운 관리국부터 하나씩 점령했다. 성범은 계획대로 지구에 거짓 정보를 전송하기 시작했다. 관리국 사람들은 자신들이 우월하다는 자만에 빠져 있었다. 그러니 독립 조직이 쳐들어올 때 아무런 대비도 되어 있지 않았고 원진은 손쉽게 관리국을 점령할 수 있었다. 그렇게 100년 동안 금성 전국의 관리국을 소탕했다. 관리국 사람들조차 원진에게 동화되어 갔다. 자신의 내면에도 에고가 조금씩 자라고 있는 것을 눈치채지 못했던 것이다. 그들도 지구에 가지 못해 불만이었다.

> **원진** 우리는 100년 동안 금성의 모든 관리국을 소탕했습니다. 지금 금성은 독립한 것과 마찬가지입니다. 하지만 완전한 독립을 이루려면 지구를 점령해야 합니다!

이제는 본토를 공격할 토대가 마련되었다.

서기 3172년 금성

> **원진** 우리는 지구인들에 의해 강제로 이주당했다. 이제 그 설움을 갚아 줄 때가 왔다. 에고에 대해 아무것도 모르는 저 멍청한 지구인들은 우

리 공격을 막을 방도가 없을 것이다! 앞으로
몇 시간 안에 지구로 총공격할 것이다!

금성인들은 환호를 질렀다.

금성인들 지구 타도! 지구 타도!

우리 뇌는 멍청하다?
─뇌를 이용하는 반전 기술

저승사자 음… 이젠 생물학 수업을 해 볼까? 너희 인간
들이 가진 뇌에 대해서 얘기해 주마. 너희 뇌
는 어떤 것 같으냐?

해직 세상의 법칙 수업 중이었는데요?

저승사자 그 전에 알아야 할 기초 지식을 먼저 알려 준
다고 했다!

해직 아! 죄송합니다… 흑, 질문에 답할게요! 뇌에
대해서 물으셨죠? 똑똑한 사람도 있고, 그렇
지 않은 사람도 있고… 선천적으로 지적 수준
이 발달하지 못한 사람도 있고, 특별 영역에
만 천재성을 보이는 사람도 있죠…

저승사자 모든 건 너희가 만들어 낸 것이지만… 그걸
모두 뇌의 탓으로 돌리고 있지. 뇌에 대해 밝
혀낸 것은 극히 일부이면서 말이야. 사실 너

희 뇌는 대단히 멍청하다.

해직 네? 모든 사람의 뇌가 멍청하다고요?

저승사자 그래. 뇌가 작용하는 원리를 알게 되면 너 또한 그렇게 생각할 것이다. 뇌는 인간의 육체를 관장하기 위해서 존재할 뿐이지. 그래서 가장 최소한의 에너지를 소모하려 한다. 그러기에 새로운 환경을 싫어하지.

해직 전혀 이해가 되지 않는데요?

저승사자 네가 멍청하다는 걸 또 잊었구나. 뇌는 부정을 모른다는 이야기를 들어본 적 있겠지? 그리고 착각을 많이 하는 것도 말이야.

해직 자기계발서에서 읽은 것 같아요. 가령 이런 거였어요. '고릴라를 생각하지 마세요!'라고 하면 고릴라가 생각나는 것처럼요. 그리고 착각을 하는 건 레몬 이야기죠? 레몬을 떠올리기만 해도 침샘에서 침이 샘솟으니까요. 어? 그러고 보니 이건 생각이 창조를 한다는 것과 같은데요?

저승사자 그래, 생각으로 뇌가 관장하는 육체를 조절할 수 있기도 하지. 오로지 생각만으로 건강해진 사람이 있는데도 사람들은 그걸 믿지 않는다.

왜 그런 것 같으냐?

해직 음… 글쎄요… 믿음이 부족해서 아닐까요?

저승사자 사람들은 '나는 괜찮아질 거야', '나는 괜찮아', '나는 건강해'라고 생각하면서도 믿지 않는다. 믿음과 자신이 말하는 것 사이에 거리감이 있다는 소리지. 이 거리감을 뇌의 작용을 이용해서 좁힐 수 있다.

해직 오? 어떻게 하면 되나요?

저승사자 아주 간단하다. 자신에게 질문하는 것이다.

해직 네? 자신에게요? 또라이도 아니고 뭐예요?

저승사자 너희 놈들은 참 이상하지. 질문을 상대방에게만 한다고 착각하고 있어. 그게 너희들이 하나임을 모르고 분리로 인식한다는 증거이다. 자신에게 물어봐도 충분히 답을 얻을 수 있다. 오히려 남에게 하는 것보다 낫다. 자신에게 물어보면 두 가지를 충족시킬 수 있다. 하나는 뇌의 작용을 활성화시킬 수 있고 또 하나는 초월적 지성에 연결될 수 있다.

해직 하나씩 알려 주세요.

저승사자 뇌는 인체의 생존만이 최우선이기에, 칼로리를 최소한으로 소모한다. 그런 뇌에게 이렇게 질문하면 뇌는 그게 생존에 직결되는 줄 알고 답을 찾기 시작한다. 질문은 이렇게 하는 것이다. '왜 나는 건강하지?'

해직 그게 뭐예요? '왜 나는 건강하지'라니요?

저승사자 자, 이 말은 이렇게 작용한다. 뇌는 그 질문을 받고 자신이 건강한 이유를 찾기 시작한다. 무의식 속에 저장해 두었던 기억을 모조리 꺼내어 찾고, 새로운 정보도 계속해서 수집한다. 지금 당장 답이 나오지 않아도.

해직 오? 그것참 신기한데요?

저승사자 너희 뇌가 가지고 있는 작용 중 하나인 내재적 전제 조건 때문이다. 가진 경험들에서 유사한 것들을 찾는 것이지. 스스로 질문함으로써 그 작용을 이용하는 것이다. 이건 너희들이 좋아하는 돈과도 연관이 되지.

해직 오? 돈은 어떻게 질문할 수 있죠?

저승사자 쉽다. 내가 한 말을 응용해서 해 봐라!

해직 음… 왜 나는 부자가 된 거지?

저승사자 좋다. 하지만 넌 살짝 어색함을 느꼈을 것이다. 그래도 '나는 부자다'라는 거리감이 확 느껴지는 긍정 확언과는 확실한 차이도 느꼈을 것이다. 너의 느낌을 말해 보아라.

해직 음… '나는 부자다'라는 긍정 확언은 확실히 거리감이 너무 커요. 말을 하면서도 그것이 안 되는 이유를 미친 듯이 찾고 있는 느낌이고, 실제로 전 죽었으니 불가능을 알고 있잖아요. '왜 나는 부자가 된 거지?'라고 했을 때는 이미 부자라는 확신이 있어요. 그리고 부자가 된 이유를 찾게 되는데, 답이 떠오르진 않아요.

저승사자 그래 바로 그거다. 잘했다. 말만 긍정하는 긍정 확언과 이 질문의 차이는 대단히 크다. 확신이 들어야 한다. 부자가 된 이유를 찾으라니까 확신이 생기는 것이다. 그런데 살짝 이상하진 않았나?

해직 네, 긍정 확언만큼은 아니지만 믿음과의 거리감이 조금 느껴졌어요.

저승사자 그렇다. 그 이유를 말해 주마. 부자가 아닌데 부자가 된 이유를 찾으라고 하니까 뇌가 찾다가 다시 원래대로 돌아가려 하는 것이다. 건강한 이유를 찾는 것은 건강한 경험이 있기 때문에 찾기 쉽다. 그런데 부자가 된 적이 없는데 부자가 되었다고 하니 어려운 거지. 이 때 더 강하게 밀어붙이면 초월적 지성에 연결 되기도 하지만 그래도 분리를 경험한 너희 입 장에서는 쉽지 않지. 그럼 이걸 어떻게 하면 좋겠느냐?

해직 초월적 지성에 연결될 수 있도록 더 애를 쓰 라는 건가요? 그런데 초월적 지성이 뭐예요?

저승사자 아… 멍청이라는 걸 또 잊어버렸군. 그럼 내가 멍청한 건가? 초월적 지성은 근원과 같은 말 이다. 즉, 우리가 앞서 말했던 보이지 않는 에 너지장이다. 모든 것을 공급하는 그곳이다. 너 의 내면에 있는 본래의 네가 출발한 곳이지.

해직 아니 단어를 바꾸면 어떻게 알아요?

저승사자 흐름을 봐야지. 단어에 매몰되어 있을 거냐? 그것도 한계를 두는 것과 같다.

해직 알겠어요… 초월적 지성에 연결을 더 강하게 하면 되나요?

저승사자 그것도 방법이지만 하나씩 확장하는 것도 좋 다. 네가 가진 것들이 더 많아지는 것을 물어 보면 어떨까? 돈으로 해 보자.

해직 음… 돈을 가지고는 있죠… 통장에 있긴 하니까요… 음… 왜… 나는… 돈이 점점 많아질…
까…?

저승사자 바로 그거다. 뜸 들였지만 잘했다. 자신이 가
진 것을 확장하는 질문을 하면 뇌는 그것을
가능하게 할 방법을 과거의 경험에서 찾는다.
그럼 그것을 행동하도록 아이디어를 던져 준
다. 한번 해 봐라.

해직 왜 나는 돈이 점점 많아질까?

해직은 눈을 감고 계속 생각해 봤다. '왜 나는 부자가 된 거
지?'라고 생각했을 때보다 빠르게 연산을 하는 듯한 느낌을
받았다.

해직 오? 뭐야? 답이 나와요! 지금 하고 있는 일의
확장선을 알려 주는 것 같은데요? 거기다 이
신기한 아이디어들은 뭐야? 가능은 한 건가?
방금 제 머릿속에서 마음그릇 스카우터를 만
들어 팔으라고 하는데요?

저승사자 감이 왔나 보구나? 그래, 그렇게 하는 거다.
지금 가진 것 안에서 질문하고, 그 답을 행동
으로 옮기면 더 나아질 수 있다. 그래서 여기

이 순간이 항상 중요한 것이다. 그런데 마음 그릇 스카우터, 그거 실현 가능하긴 한 거냐? 실재한들 사람들이 그걸 믿겠느냐? 계속해서 질문하다 보면 또 다른 답이 나올 것이다.

이제 초월적 지성에 연결되는 것을 말해 주마. 만약 답이 나오지 않는다 하더라도 계속해서 물으면 갑자기 뇌가 초월적 지성에 연결될 수도 있다. 무의식 속에서 찾다 찾다 안 되어 초월적 지성에 기대게 되는 거지. 뇌에는 송과선이 있다. 그 송과선의 주파수가 내부와 외부를 넘어 우주로 간다. 그럼 우주에서 답을 줄 때가 있다. 이를테면 여러 날 후에 갑자기 깨닫는 상황이 그런 경우다.

해직 이거 대단한데요? 어찌됐든 답을 준다는 거 잖아요! 그런데 뇌에 주파수가 어떻게 초월적 지성과 연결되나요?

저승사자 이 모든 공간은 진동 에너지로 구성되어 있다. 초월적 지성과 너와의 거리 사이에도 마찬가지로 진동 에너지가 가득 차 있지. 너의 내면은 사실 모든 걸 알고 있지만 내면에서 더 이상 답을 찾기가 힘들다고 생각이 들 때는 뇌의 송과선을 활용하는 것도 좋다. 쉽게 말해서 기대라는 거지. 원래는 이것도 너의 내면이 답하는 것이지만 이렇게 말하는 것이 너희 인간들에게는 가장 쉬울 것이다. 그리고 너희 인간의 인생은 원래 모두 우상향으로 가게 되어 있다. 세상의 법칙 자체가 말이다. 모든 공간은 에너지로 구성되어 있다고 했었지? 에너지는 진동으로 구성되어 있다. 너의 몸도 진동이다.

해직 제 몸이 진동이면 핸드폰 알람처럼 계속 징징 울리나요?

저승사자 그렇다. 너희는 쉬지 않고 징징거린다.

해직 표현이 이중적으로 들리는데요?

저승사자 하하. 은근히 날카로운 데가 있구나? 징징거림이 맞지 않느냐?

해직 네… 그렇긴 해요…

저승사자 너는 심장을 가지고 있다. 그 심장은 항상 뛴다. 그 심장의 진동으로 혈액을 운반한다. 혈액을 공급받은 뇌는 주파수를 형성한다. 생각에 따라 달라지는 주파수를 말이지.

해직 아! 몸이 진동하는 건 모두 심장 때문이라는 말씀이군요!

저승사자 그래. 심장이 있기에 인간은 살 수 있지. 이 생물학 수업 괜찮았느냐?

해직 네! 너무 좋았어요! 이해가 쏙쏙 돼요. 생각을 질문으로 바꾸면 이런 반응이 나올 줄은 전혀 몰랐어요! 저 윤회하면 지금 익힌 것들 전부 기억할 수 있을까요?

저승사자 꿈도 기억 못 하면서 그것을 바라느냐? 윤회를 할 때는 너희에게 선택권이 있는데, 너희가 잊는 것을 선택한다. 완전 초기화가 되어 다시 경험하고 싶기 때문이지. 가끔 전생을 기억하는 사람들도 봤을 거다. 수행을 오래한 사람 외에는 잊지 않는 것을 선택한 경우다. 우연처럼 보이지만 모두 너희의 선택이다.

해직 이번엔 절대로 잊지 않는 걸 선택할래요.

저승사자 막상 다시 태어날 땐 그렇지 않을걸? 크크크.

해직 그 의미심장한 웃음은 뭐예요! 강제적인 뭔가가 있죠?

저승사자 그건 나중에 알려 주마. 이제 이 질문법을 더 활용해 보자.

진짜 나는 누구일까?

저승사자 대부분의 사람들은 스스로를 잘 알고 있다고 생각하지만 사실은 그렇지 않다. 자신에 대해 아무것도 모를 확률이 더 크다. 왜냐하면 명상을 하지 않기 때문이지. 그리고 명상을 하더라도 갖고 싶은 것만 떠올린다. 그렇게 명상을 해서 갖고 싶은 것을 가질 수는 있지. 생각은 창조의 도구니까. 하지만 자신을 알아내는 명상을 하면 갖고 싶은 것보다 훨씬 더 많은 것을 가질 수 있다는 걸 모른다.

해직 명상을 추천한 선배도 갖고 싶은 걸 미친 듯이 떠올리면 된다고 했어요. 그리고 생각해보면 제가 이혼하고 힘들 때 했던 명상대로 살고 있었어요. 갑자기 사자 님이 오시기 전까지는…

에고를 내려놓는 명상은 어떻게 하나요?

저승사자 네가 명상을 했던 때를 떠올려 보자. 넌 어떤 명상을 했지?

해직 음… 이혼으로 마음이 너무 힘들어서 나를 돌보기로 했어요. 친구들과 술 마시거나 스포츠 동호회에 나가 운동을 해도 집에만 들어오면 허탈한 마음에 휩싸였거든요. 그래서 명상을 하면서 두 가지를 미친 듯이 되뇌었어요. 아름다운 여자가 나만 사랑해 주는 것, 연봉이 6,000만 원 이상이 되는 것이요. 그리고 그것이 모두 현실이 됐어요. 명상을 시작한 지 3개월 뒤에 이직한 곳에서 연봉 6,000만 원을, 또 3개월 뒤에 딱 꿈에 그리던 윤저를 모임에서 만났죠. 모임 나가기 전에 모임 앱에서 사진을 봤는데, 그녀가 제 여자 친구가 되고 평생 같이할 사람처럼 느껴졌어요. 하지만… 그러면 뭐 해요… 이제 행복해질 참이었는데… 이렇게 사자 님과 함께 있네요.

저승사자 바로 그거다. 넌 가지고 싶던 것을 가졌다. 단지 생각만으로! 눈 뜨고 하는 생각보다 눈을 감고 하는 생각이 네가 가진 육체의 정보를 차단할 수 있기 때문에 효과적이지! 하지만 조금 아쉬운 부분이 있다. 너는 너를 알기 위한 명상이 아닌 가지고 싶은 것을 가지기 위한 명상을 했다. 명상할 때 이 질문만 했으면 완벽하다. '나는 누구인가?'

해직 네? 나는 해직이죠. 그걸 왜 새삼 묻나요?

저승사자 말이 나온 김에 해 볼까? 앉아서 눈을 감고 명상 모드를 취해라. 그리고 숨을 세 번 크게 들이마시고 내쉬어라. 생각이 차분해지면 너 자신에게 물어라. '나는 누구인가?'

해직은 명상 자세를 하고 저승사자가 말하는 대로 했다.

해직 사자 님… 말씀하신 대로 했는데요. 다른 건 모르겠어요. 청사진을 좀 주시면 좋겠어요! 어떻게 될지를 알아야 방향을 잡죠.

저승사자 방향 따위는 없다. 스스로 질문하는 것이다. 질문을 하면 네 안에서 미친 듯이 휘몰아치던 생각들이 갑자기 차분해진다. 그 느낌을 가지고 가면서 계속 질문하라. 답이 나오지 않아도 된다. 그저 질문만 계속하라.

해직은 '나는 누구인가?'를 되뇌었다. 저승사자의 말대로 마음이 차분해지면서 피어오르던 잡생각들이 한순간에 없어짐을 느꼈다. 그 빈 느낌이 너무 상쾌하고 가벼웠다. 다시 잡생각이 떠오를 때면 계속해서 '나는 누구인가?'를 되뇌었다. 시간이 얼마나 흘렀을까? 얼마가 되었든 중요하지 않았다. 그저 그 느낌이 매우 신선하고 날아갈 것 같았다.

저승사자 충분히 느낀 것 같구나. 이제 돌아와라.

해직은 천천히 숨을 들이마시고 내쉰 뒤 눈을 떴다.

해직 와… 이런 느낌 처음이에요! 가지고 싶은 것을 되뇔 때는 그게 안 되는 반대 생각이 밀려와서 '아냐, 돼!' 하며 싸웠는데, 이건 그저 될 것 같은 기분만 가득했어요. 굳이 내가 누구인지 답이 나오지 않아도 알 것 같은 느낌.

저승사자 그래 그거다. 그게 명상이다. 눈을 뜬 다음에도 모든 걸 가질 수 있다는 확신이 들 것이다. 거기서부터 모든 걸 할 수 있다.

해직 와… 이걸 죽기 전에 알았어야 했는데 말이죠!

저승사자 매번 말하지만 죽음이 끝이 아니다. 그러니 언제든 넌 할 수 있다.

해직 윤회를 말씀하시는 거죠? 전생의 기억 없이 윤회를 하면 이를 알 수 있을까요?

저승사자 그것도 그렇지. 하지만 넌 알고 있다. 다만 기억이 나지 않을 뿐. 진정 네가 누구인지 너는 이미 알고 있다.

해직 저는 누구인데요? 신이라고 하시긴 했는데… 그 느낌은 아직 모르겠어요.

저승사자 너는 신이지. 하지만 신에 대한 기억을 말하는 것이 아니다. 신은 기억조차 필요 없다. 모든 정보를 갖고 있기에 그럴 필요가 없다. 자신이 누구인지는 스스로 알고 있다. 그 누구도 너를 누구라고 말할 수도 단정지을 수도 없다. 너만이 자신이 누구인지를 알고 있다.

해직 정말 알 수 없는 말만 하시네요.

저승사자 명상을 다시 해 봐라. 이번엔 답이 나올 때까지 한다.

해직 답은 금방 나오나요?

저승사자 글쎄… 너는 어떨까? 금방일까? 아니면 오래 걸릴까? 그건 해 봐야 안다.

해직 알겠어요. 계속 옆에 계실 거예요?

저승사자 물론이지. 네가 갑자기 튀면 어쩌려고? 나 잘
리라고?

해직 옆에 계시면 든든하니까요. 알겠어요, 명상
시작할게요.

해직은 명상 자세로 앉아 계속해서 '나는 누구인가?'를 되뇌
기 시작했다. 시간이 얼마나 흘렀을까? 해직의 의식 없는 텅
빈 공간에서 갑자기 이미지 하나가 불쑥 떠올랐다.

해직 '엥, 이 털보 아저씬 뭐야? 고대 사람인가? 가
만, 어디서 많이 봤는데. 작가라고?'

해직은 계속해서 '나는 누구인가?'를 되뇌었다. 자신이 고대
의 시인이라는 건 별로 마음에 들지 않았다. 하지만 그 이미
지는 점점 뚜렷해졌다. 아무리 생각을 비우려 해도 그 이미
지는 없어지지 않았다.

결국 그 이미지를 받아들이는 순간 한 인물의 이름이
떠올랐다.

해직 호메로스!

저승사자 아! 깜짝이야! 명상하라니까 왜 갑자기 소리를 질러?

해직 저 호메로스인가봐요! 아무 생각도 없는 빈 공간에서 이미지가 점점 강해지더니 그걸 받아들이는 순간 떠올랐어요!

저승사자 꽤나 발전이 있군. 네가 발견한 것을 너의 원형이라 부른다. 솔직히 원형을 발견하게 될 줄은 몰랐군.

해직 원형이요?

저승사자 인간은 윤회를 할 때 본인이 가지고 싶은 원형을 세 가지 선택한다. 넌 이번 생에 네가 선택한 것 중 하나를 찾은 것이지. 이 원형 하나만 찾아도 그걸 사명으로 받아들이고 인생을 가치 있게 살게 된다. 만약 세 가지를 모두 찾으면 어떻게 될까? 그다음 너머를 알게 될지도 모르지. 하지만 그런 인간은 거의 보지 못했다. 하나만 찾아도 감지덕지. 하나만으로도 인간 세상에선 매우 잘살게 될 테니까.

해직 원형을 찾으면 어떻게 해야 해요?

저승사자 삶의 방식이 그 원형과 맞아떨어지는가를 살

피는 것이다. 원형을 받아들이고 네가 행위자가 되는 것이 아니라, 원형이 행위자가 되게 하는 것이다. 너는 단지 지켜보는 자로 물러나야 한다. 그때 모든 일이 원형대로 흘러간다. 우주의 리듬에 너무나 잘 맞아떨어진다.

해직 음… 잘 모르겠어요.

저승사자 가끔 뭔가에 집중하고 몰입을 하다보면 네가 생각하지 않았는데도 아이디어가 솟거나 일이 술술 풀린 적이 있을 거다. 원형이 너의 안에서 활동하도록 네가 보냈기 때문이다. 그러다 '오늘 일이 너무 잘되는데', '난 천재인가?' 이런 생각들이 껴드는 순간 원형이 활동하지 못하게 되는 되지. 이런 일을 수도 없이 겪지 않았나?

해직 듣고 보니 그런 것 같아요. 내가 내가 아닌 느낌이 들 때, 생각은 멍한데 뭔가를 미친 듯이 하고 있고, 모든 것이 잘 풀리는, 뭔가 아슬아슬한 선을 타고 있는 느낌. 그건가요?

저승사자 그렇다. 그때가 원형이 네 안에서 행위자로 활동하는 것이다. 넌 그저 내맡기기만 하면 되지.

해직 궁금한 것이 있어요. 원형은 알겠는데 '진정 나는 누구인가'를 알려면 어떻게 해야 하죠?

저승사자 계속 질문하면서 원형이 행위자가 되도록 내버려두는 연습을 하는 거지. 더 오래 더 길게 지켜보는 것이다.

해직 그 아슬아슬한 선을 계속 타는 연습을 하다보면 될까요?

저승사자 그래, 된다!

해직 제가 살아 있었으면 정말 좋았을 텐데 말이죠. 여자 친구에게도 알려 줄 수도 있고…

저승사자 말 잘했다. 만약 네가 터득한 지혜가 있다면 무조건 나눠야 한다. 그게 우주의 리듬이다. 혼자 가지려 하면 리듬이 깨진다. 이 이야기는 나중에 더 하기로 하지. 지금은 자신을 알아가는 수업이니까. 일단 잘했다.

해직 히히, 칭찬은 언제 들어도 기분이 좋네요!

저승사자 아까 네가 즉석에서 지어낸 이야기 있지? 물방울 이야기 말이다. 그런 이야기가 너의 원형 없이 갑자기 생길 수 있을까?

해직 하! 그러네요! 계속 내 안에서 활동하고 있었군요! 알아차리지 못한 것이었어요!

저승사자　그래, 그거다. 하지만 자기를 알아가기 위한 수업은 여기서 끝이 아니다. 자신을 안다는 것은 매우 중요하다. 더 이어 간다.

해직　네, 다음은 어떤 걸지 기대돼요.

해직은 수업이 진행될수록 저승사자의 상태가 조금씩 안 좋아지는 것 같다고 느낀다. 하지만 대수롭지 않게 생각한다.

서기 3172년 지구, 게임장

진석　큰일 났어! 전쟁이 코앞이야. 새로운 금성 지도자는 그 어떤 말도 통하지 않아! 지구에서 원로들이 수차례 대화를 시도했지만 모두 거절당했어!

직원　그럼 우리는 어떻게 하죠? 이런 일은 상상해 본 적도 없어요! 지금 느끼는 감정도 매우 낯설어서…

진석　그렇지… 우리는 이런 상황에 익숙하지 않아… 에고를 잘 아는 사람이 금성 지도자와 대화한다면 모를까… 우리는 에고에 대해 잘 모르잖아…

직원 그나마 사장님이 알지 않나요? 시뮬레이션
게임으로 감정을 느껴보셨잖아요?

진석 그러긴 했지만… 그렇다고 내가 잘 안다고 할
수 없어…

갑자기 쿵 소리가 나면서 게임장이 흔들렸다.

직원 악! 벌써 쳐들어왔나 봐요! 일단 피해야 하지
않을까요?

진석 여기 게임하고 있는 사람들은 어쩌라고?

직원 모두 중지하고 깨우죠!

진석 그래! 더 큰일이 나기 전에 깨워서 다 같이 탈
출하자!

진석과 직원은 게임을 즐기고 있는 사람들을 하나씩 깨우기
시작했다. 또다시 쿵 소리가 나면서 좀 전보다 더 크게 흔들
렸고 천장이 무너질 것 같았다.

직원 안되겠어요! 깬 손님들만이라도 데리고 이만
탈출해야겠어요!

진석 안 돼! 그럴 순 없어! 너는 깬 손님들을 데리고 나가! 나는 나머지를 챙길게!

직원 아… 그럼 빨리 나오세요!

진석은 나머지 사람을 하나씩 깨우면서 빠르게 피신시키고 있었다. 가장 구석 자리의 영신만 남았다. 하지만 또다시 쿵 소리가 나고 진석은 순간 정신을 잃었다.

서기 3172년 지구, 원로 회의실

원로 1 아무리 대화를 시도해도 모두 헛수고였소. 그리고 지금 금성에서 온 우주선이 지구에 미사일 공격을 하고 있소. 우리의 집단 생각으로 만든 방어막에도 균열이 생기기 시작하고 있소! 우리 중에 두려움을 느끼는 자가 생겼다는 뜻이오! 탓하지 않겠소. 그럴 수 있소. 우리는 전쟁에 대한 그 어떤 대비도 없소. 이대로 에고가 강한 자들이 다시 지구를 점령하고 과거로 퇴행할 모양이오…

원로 2 우린 지금까지 뭘 한 것이오… 이렇게 허망할

수가…

원로들은 가슴 한구석에 두려움을 느꼈다. 어떤 원로는 그
느낌이 너무 이상하다며 감정상쇄기를 찾았다.

원로 1 감정상쇄기를 아무리 사용해도 두려움이 소
멸하지 않으니 방어막도 소용이 없어질 것이
오. 우리에겐 금성인들을 막을 방도가 없소.
그만두시오. 그저 받아들일 수밖에 없는 것
같소.

원로 2 그래도 뭐라도 해 봐야 하지 않겠습니까?

원로 1 우리 중에 에고가 강한 사람에 대해 혹은 에
고의 작동 방식에 대해 아는 사람이 있소? 그
걸 아는 사람은 우리 선조들뿐이오. 그들이
그 작동 방식을 깨달은 뒤에 에고를 없애고
우리 내면의 신들이 현현하도록 만들었소. 하
지만 그 때문에 에고를 아는 사람이 이젠 없
소… 에고를 아는 사람만 있다면…

원로 2 그럼 에고를 아는 사람을 찾아봅시다. 우리는
모두 연결되어 있으니 찾는 것도 금방일 겁
니다.

원로 3   그러네요! 모두 같이 찾아보죠!

원로들은 마지막 희망이라도 잡는 듯 모두 둘러앉아서 지구 안에 에고를 잘 아는 사람은 찾기 시작했다.

원로 4   정신을 잃고 누은 것 같은 사람이 보이는데요? 이 사람이 에고에 대해 가장 잘 알고 있는 듯이 보입니다!

원로들은 이구동성으로 맞장구를 쳤다.

원로 1   그 사람을 찾으러 갑시다! 시간이 없소! 마지막 희망입니다.

네가 원하는 것은 상대에게 있다

저승사자 여기가 어디인지 알겠냐?

해직 음…

해직은 저승사자의 상태를 살피고는 주위를 둘러보았다.

해직 여긴! 어렸을 때 살던 아파트예요. 아빠도 볼 수 있겠네요! 그리웠는데… 아버지가 돌아가신 지 벌써 30년이 넘었어요!

저승사자 시간은 중요하지 않지… 그때 한 경험이 중요한 거다. 뭐, 그건 뒤에 이야기하기로 하고, 네가 어렸을 때 크리스마스 선물을 비는 장면이다. 여기서 할 수업이 있다.

해직 언뜻 기억나는 것 같아요. 제가 바라는 걸 엄마가 주지 않아서 엄청 실망했었죠.

어린 해직이 엄마와 대화를 하고 있다.

> **엄마** 해직이 크리스마스 날 뭐 받고 싶어?
> **어린 해직** 음…

'변신 로봇이 갖고 싶지만, 그건 하느님께 요청하고 엄마 기분 좋게 학용품이라고 하자!'

> **어린 해직** 학용품 받고 싶어, 엄마!
> **엄마** 우리 해직이 기특하네!

엄마는 기쁜 것처럼 보였다. 어린 해직은 혼자 있을 때마다 변신 로봇을 갖게 해 달라고 빌었다. 정말 열정적으로 빌었다.

> **어린 해직** '하느님, 저는 사실 변신 로봇이 갖고 싶어요!!'

어느 날 엄마가 어린 해직에게 다시 물었다.

> **엄마** 해직아, 솔직하게 말해 줘야 해? 알겠지?
> **어린 해직** 응!

엄마 크리스마스 선물로 가장 받고 싶은 게 뭐야?

어린 해직은 변신 로봇이라 말하려 했지만 엄마가 실망할까 봐 두려웠다.

어린 해직 학용품 갖고 싶어…
엄마 정말이야?
어린 해직 응.

어린 해직은 또다시 혼자 있을 때마다 빌고 또 빌었다.

어린 해직 '저는 사실 변신 로봇이 갖고 싶어요. 하느님! 제발요!'

이제 크리스마스까지 며칠 남지 않았다. 엄마는 다시 한 번 해직에게 물었다.

엄마 우리 해직이 크리스마스 날 정말 학용품을 받고 싶어?

어린 해직은 이번에도 엄마가 실망할까 봐 두려웠다.

어린 해직   응.

크리스마스 날 어린 해직은 부피가 큰 선물을 받았다. 틀림 없이 로봇이라고 예상한 해직은 기분이 날아갈 것 같았다. 포장을 뜯는 순간 울어 버렸다. 학용품이었다.

저승사자   내가 왜 여기로 데려왔을까?

해직   모르겠는데요? 거짓말을 하면 안 된다?

저승사자   질문한 내가 바보다… 네게 기회를 줬는데도 스스로 차 버렸다는 걸 보여 주는 거다.

해직   네? 무슨 소리예요? 저는 저 때 정말 열심히 빌었어요. 결과를 보고는 하느님께 정말 실망 했거든요.

저승사자   네 바람대로 변신 로봇을 주기 위해 솔직히 말할 기회를 두 번이나 더 줬다. 그런데 너는 그 기회를 버리고 하느님을 미워했다.

해직   네? 주지도 않으셨는데 무슨 말이에요?

저승사자   자, 너는 어머니가 실망할까 봐 학용품이라 말해 놓고 뒤돌아서 변신 로봇을 달라고 빌었 다. 그러자 어머니가 와서 다시 물었지? 이게 첫 번째 기회였다. 그런데 넌 어떻게 했지?

해직 아! 그게 기회였다고요?

저승사자 그래. 네가 생각하고 바라는 것은 어떤 형태든지 너에게 오게 되어 있고, 만약 네가 그것을 이룰 수 있는 상태라면 즉각 도래한다. 다만 상대방의 손에 쥐어진 채로 올 때도 있다. 지금이 바로 그 경우이다. 아니다, 너희 인간 세상에선 네가 원하는 대부분이 상대방에게 들려 있다.

해직 제가 생각한 것이 상대방의 손에 들려서 온다는 거군요? 그럼 그걸 어떻게 얻을 수 있어요? 제 것이 아니잖아요.

저승사자 깨달음이 경지에 이른 사람은 상대방과 관계없이 손쉽게 얻지만, 그렇지 않은 사람은 행동을 해야겠지. 그것을 얻기 위해서 대가를 치뤄야겠지. 그 대가가 항상 동등한 것은 아니다. 결국 경지에 이른 사람이 손쉽게 얻는 까닭은 그들은 자신을 보지 않고 상대방을 보기 때문에 가능한 것이다. 즉 상대의 입장에서 생각하면 언제든 얻을 수 있다.

해직 이번 수업은 알쏭달쏭한데요?

저승사자 간단하다. 바라는 것을 생각하면 그것이 상대방에 손에 쥐어진 채로 너에게 온다. 너는 그것을 얻기 위해 행동을 취해야 한다. 깨달음이 극에 달하면 행동을 하지 않아도 되지만, 대부분은 그렇지 않기에 행동이 무조건 수반된다. 이것뿐이다.

해직 그런데 만약 제가 할 수 없는 상태라면요? 어릴 때야 말만 하면 된다고 하지만… 어른인 경우 그렇지 않은 경우가 많잖아요!

저승사자 그래, 그래서 자신이 아닌 상대방을 봐야 한다고 말한 거다. 상대를 보면 그걸 얻을 수 있는 해답이 나온다. 하지만 대부분이 자신만 보기 때문에 상대방을 보지 못하지.

해직 상대방이 내게 소중한 걸 원하면 어떻게 해요?

저승사자 그건 너의 선택이지. 지킬 것인가? 내주고 가질 것인가?

해직 너무 어려운데요? 100억을 줄 테니 네 여자 친구를 내놔라! 이러면 어떻게 해요? 카지노에 놀러갔던 어느 부부가 등장하는 영화처럼 말이죠.

저승사자 그건 너의 선택이라니까. 100억에 여자 친구를 내줄 거냐?

해직 아뇨! 1조를 준다고 해도 싫은데요? 그런데 1조면 윤저가 이해해 주지 않을까요? 말이 그렇다는 거죠… 자그마치 1조니까요!

저승사자 앞 수업에서 우리는 마음그릇에 대해서 배웠다. 만약 1조가 있더라도 마음그릇이 담지 못하면 결국 그 돈은 없어지게 되어 있다. 벼락부자가 금방 무일푼이 되는 것처럼 말이지.

해직 그런데 자기 마음그릇이 어떤 상태인지도 모르니… 참…

저승사자 정형화된 수치가 보이지 않는 삶이 훨씬 가치 있고 재미있기 때문이다. 넌 체험을 하러 삶을 살고 있었던 거지 부자가 되려고, 성공하려고 삶을 사는 것이 아니다.

해직 하지만, 인간 세상에서 많은 체험을 하려면 돈이 있어야 가능하잖아요.

저승사자 그래. 그래서 누구나 부자가 될 수 있다. 자신이 원한다면 말이지.

해직 하지만 그렇지 않잖아요…

저승사자 내 매번 말하지만, 부자가 되고 싶다고 하면서도 부자가 될 수 없다고 생각하기 때문이다. 기회가 왔는데도 그게 기회인지도 모르고 지나가거나, 행동을 하기만 하면 되는데 행동을 하는 게 두려워서 하지 못하는 경우 등 온갖 한심한 짓으로 자신이 만든 창조를 다시 밀어내고 또 같은 것을 빌고 있다.

해직   기회가 왔을 때 잘 아는 방법은 없나요?

저승사자   있다. 너희는 그것을 할 수 있는데도 항상 무시하고 있다.

해직   오? 그게 뭐죠?

저승사자   주변에서 일어나는 일들을 관찰하는 것이다. 그리고 받아들여야 한다. 좋은 일이 생기면 원하는 것을 얻을 수 있다는 신호로 받아들이고, 나쁜 일이 생기면 원하는 것을 얻을 수 있다는 신호로 받아들여라.

해직   네? 좋은 일과 나쁜 일 모두 얻을 수 있다는 신호로 받으라고요?

저승사자   좋은 일은 좋기 때문에 확신의 신호가 된다. 나쁜 일은 나쁘기 때문에 마음그릇을 넓힐 신호로 받아들일 수 있다. 그럼 결국 그릇이 넓어진 만큼 리듬을 찾는다. 또한 나쁜 일은 성장의 기회로 바라볼 수 있다. 그럼 성장과 함께 좋은 일들이 생기지. 그럼 다시 확신을 하게 되고. 이렇게 점차 성장할 수 있다.

해직 지금까지 설명 중 가장 명쾌했어요!

저승사자는 해직을 쥐어박았다.

해직 악! 왜 그러세요?

저승사자 나의 모든 설명이 명쾌하다! 네가 멍청이라서 계속 설명하는 수고를 하고 있다.

해직 칫… 때릴 필요는 없잖아요…

저승사자 또 맞고 싶냐?

해직 아… 아뇨! 아닙니다!

저승사자 그럼 자신이 원하는 걸 얻으려면 어떻게 해야 할까?

해직 네? 생각만 하면 된다면서요?

저승사자 그렇지 그런데 자기가 진정 원하는 걸 얻으려면 말이다.

해직 네? 그것도 생각하는 거 아니에요?

저승사자 너희는 하나이지만 너희 각자가 체험할 것은 다르다. 돈 만 원으로 무엇을 할지 사람마다 다른 것처럼. 각자가 체험할 것을 스스로 정하고 만들어야 한다. 하지만 시기심과 질투심에 휩싸여 다른 사람이 만들어 놓은 창조를 따르려 하지. 그럼 내 장담하는데 백 퍼센트 일을 그르치게 된다. 그래서 자신을 아는 수업을 먼저 한 것이다. 자신을 안 뒤에 목표를 정해야 한다. 그리고 목표는 무조건 자신과 상대의 공동 이익을 추구해야 한다. 자기만의 이익은 벼락부자와 같아 금방 추락할 수 있다.

해직 저의 원형은 호메로스니까… 음… 글을 써서 사람들에게 가치를 전한다! 이렇게 하면 될까요?

저승사자 돈은 어디 갔지?

해직 돈은 그냥 따라올 것 같은데요? 저는 호메로스잖아요? 스테디셀러 『일리아스』의 저자! 제가 글을 쓰는데 당연히 돈은 따라오겠죠!

저승사자 절반 정도는 좋은 생각이다. 원형에 따라 자기만의 목표를 잡고 돈은 부산물로 생각한 것은 매우 좋았다. 하지만 너무 자만했군. 그러면 또 되지 않는다. 너의 내면의 신에 대해서 더 알아야 할 필요가 있다. 그러기 위해서 자신을 알아가는 방법에 대해서 말하고 있는 거다. 내면의 신에 대해 더 살펴보도록 하자.

내 안의 신과 연결되는 법

해직 음… 그럼 어떻게 해야 하나요?

저승사자 네 팔이 스스로 움직이는 것 같느냐? 누군가 명령해서 움직이는 것 같느냐?

해직 네? 또 무슨 소리람? 저 스스로 움직이죠?

저승사자 팔을 움직이겠다는 생각을 했기에 뇌에 신호가 보내지고 그 뒤에 행동으로 팔이 움직여지지. 그런데 그 생각은 누가 했는가?

해직 저…죠?

저승사자 아니다. 그건 네 안의 신이 했다.

해직 제 행동이 내면의 신이 하는 거라고요?

저승사자 꼭 그렇지는 않지만 그렇게 되게 해야 한다는 것이다.

해직 이건 또 무슨 소리예요… 저 정말 혼란스러워서 울 것 같아요!

저승사자 사람들은 자신이 행위자라고 생각한다. 자기 몸을 움직여서 일을 한다고. 그래서 힘이 들고 지친다. 그러나 그 행위를 자신이 아닌 신이 하게 하면 힘들거나 지치지 않는다. 너는 목격자일 뿐 행위는 신이 하도록 해야 한다.

해직 제 안에 두 명 중 본래의 나가 행위를 하도록 해야 한다는 거죠? 하지만 그게 누가 하는 것인지 어떻게 알죠?

저승사자 몰입이다. 그저 한 생각에 집중했을 때 너도 모르게 잘되는 느낌. 전 수업에서 말했던 것처럼. 그 몰입 상태를 계속해서 만들 수 있다. 처음은 1분도 안 될지 모르지만 점차 1시간, 그리고 24시간 내내 가능해진다. 너는 뒤로 물러나라. 모든 행위는 내면의 신이 한다.

해직 몰입이 되기 전까지는 준비 운동처럼 뭔가 필요한 과정이 있지 않을까요?

저승사자 이렇게 말하고 행동해 보아라. "내 안의 신이 행동한다. 나는 그저 바라본다."

해직 나는 그저 바라본다고 생각하니 마음이 더 편해지는데요? 뭔가 무임승차하는 것 같아요.

저승사자 네가 개입하려 들면 신은 곧바로 너에게 자리

를 내어 준다. 그만큼 양보가 빠르다. 하지만
개입하지 않으면 신은 지치지 않고 널 계속해
서 이끌어 줄 것이다.

해직 신이 이끌어 주는 느낌은 어떤 걸까요?

저승사자 일을 해도 지치지 않지. 그리고 감정도 없다.
그저 하고 있다. 궂은일이라는 개념도 없다.
좋은 일이라는 기쁨도 없다. 멍한 것처럼 보
일지도 모른다. 하지만 그것이 가장 좋다. 너
의 안에서 신이 행동하도록 하는 것이 모든
면에서 가장 좋다. 개입을 하는 순간 너의 시
야는 에고가 가진 경험 안에 갇히게 되고 신
이 가진 무한한 능력을 제한한다.

해직 그럼 에고는 대체 왜 있는 거예요? 사사건건
방해만 하는 셈이잖아요?

저승사자 모든 것은 있음으로 완벽하다. 에고 또한 완
벽에 이바지한다. 거울방에서 수업했듯이 너
를 성장시킬 수 있도록 도움을 주는 것이 에
고다. 에고를 불편한 존재로 받아들일 게 아
니라 성장의 도구로 받아들여야 한다.

해직 아… 거울방에서 에고에게 "미안해, 용서해
줘. 사랑해, 고마워."라고 한 것처럼요?

저승사자 자기 정화와 동시에 에고를 받아들이는 행동
이다.

해직 자기 정화에 대해 더 알려 주세요.

저승사자 열의가 있어 좋군! 자기를 정화하는 것은 또
다른 모든 것의 시작이라 볼 수 있다. 하지만
다른 수업부터 한다. 자신을 더 잘 알아야 정
화도 할 수 있는 법이다.

자신을 아는 방법

저승사자 너의 친구 터루에게로 간다.

해직 사자 님은 제 친구도 아시는군요? 그런데 자신을 알려 하는데 왜 터루를 만나요?

저승사자 너의 주변에서 자신을 가장 잘 알고 있는 녀석이다.

해직 오? 그랬어요? 즐거운 인생을 살으렴 터루야. 난 여기서 지켜보마~

저승사자는 낫을 치켜들고 터루가 있는 곳으로 갔다.

해직 어, 여기는 터루와 제가 술을 먹던 곳인데? 터루와 제가 이야기를 하고 있네요.

저승사자 너보다 터루가 자신에 대해서 빠르게 파악했다. 이야기를 다시 들어 봐라.

터루 유학 가서 처음 충격 받은 게 언어야. 영어를 웬만큼 하는 줄 알았는데 전혀 아니더라고. 그래서 미친 듯이 언어만 공부했어. 언어를 익히고 원래 목적인 디자인을 배우기 위해 학교에 들어갔더니 또 벽이 있더라.

살아 있는 해직 그 벽이 뭔데?

터루 나는 내가 디자인에 대해 어느 정도 수준이 있고 꽤나 창의적인 사람이라 생각했거든? 그런데 어떤 한 형에게 완전히 발렸어. 그 사람에 비하면 나는 아무것도 아니었어.

살아 있는 해직 그 사람이 얼마나 잘하길래?

터루 그냥 미쳤어. 사람 머리에서 나오는 디자인이 아닌 것 같아. 그래서 내가 따라잡으려고 어떻게 했는지 알아?

살아 있는 해직 졸라 열심히 했어?

터루 아니, 그 인간과 친해지려고 했어. 그 사람의 생각이 궁금했어. 나는 도저히 할 수 없는 그 생각 말이야. 그래서 다짜고짜 찾아갔지. 킥킥킥. 지금 생각해 보니 웃기다.

살아 있는 해직 경쟁심이 생기면 상대가 밉지 않아? 혹은 계속 신경 쓰면서 더 열심히 하게 되던가.

터루 내가 알지 못하는 영역에 있는데 나 혼자서 열심히 해서 뭐 해? 차라리 물어보고 배워야 지! 내 유일한 장점은 내가 잘하는 것과 못하 는 것을 구분할 줄 안다는 거야!

살아 있는 해직 오? 멋진데?

터루는 술잔을 들고 해직과 부딪힌 뒤 말을 이었다.

터루 그 뒤로 디자인 실력이 늘어서 승승장구했어. 마이크로소프트에서도 일했으니까. 그런데 한국에 들어오니 정말 못 참겠더라.

살아 있는 해직 뭐를 못 참아? 너 대기업에 들어갔잖아?

터루 그게 못 참는 거야. 좋은 회사라고 해 봤자 내 것도 아니잖아. 야근이 당연하고 디자인에 토 를 다는 사람들만 있어. 그리고 미국과 다르 게 여기선 다른 사람이 뭘 하는지에 관심이 너무 많아. 나에게 이래라저래라 하는 것도 싫고 말이야.

살아 있는 해직 사람들과 같이 일하다 보면 그건 어쩔 수 없 는 거 아냐?

터루 왜 어쩔 수 없어? 그게 너무 싫어서 지금 사

업하잖아. 어쩔 수 없다고 생각하고 계속 다
녔으면 제자리걸음만 했을걸? 어쩔 수 없는
건 세상에 없어! 내가 사업을 시작한 건 어쩔
수 없는 건 없다는 생각 때문이야! 그리고 무
엇보다 싫은 걸 하고 있는 내 모습이 싫어서
지. 어쩔 수 없이 하는 내 모습 말이야!

살아 있는 해직 하긴 그것도 그러네… 지금 훨씬 잘됐잖아.

터루는 남은 위스키를 해직의 잔과 자기 잔에 따르며 말을
이었다.

터루 너는 계속 회사 다니게? 지금 연봉이 괜찮긴
하지만, 나중엔 어쩌려고?

살아 있는 해직 글쎄… 나도 그게 두렵긴 하지만, 아직 잘 모
르겠어.

해직 저 이 장면 기억나요. 저 때만큼은 터루가 참
대단하다고 생각했죠. 평소엔 그냥 친한 친구
로만 느꼈지만요. 그렇게 사업을 시작해서 어
느새 3,000여 점포에 납품을 하는 회사로 성
장했으니…

저승사자 터루는 자신을 일찍부터 알았다. 그게 그의

가장 큰 장점이다. 그는 명상을 하지 않아도 잘하는 것과 못하는 것을 구분할 줄 알았다. 너희 인간 세상에선 자기 재능만 알아도 걱정 없이 살 수 있다. 재능을 아는 것은 원형을 찾는 것과 유사하다. 혹은 경험적으로 재능을 키울 수도 있다. 뭐가 됐든 스스로를 알아야 세상을 사는 데 유리하다.

해직 저는 알려고 하지 않았던 것 같아요.

저승사자 네가 가진 원형은 호메로스 말고도 두 개가 더 있다. 알려고 하지 않았는데도 네 안에서 활동을 했기에 그 정도 살 수 있었던 것이다. 너는 힘들어도 힘든 것을 느끼지 않는 재주가 있다. 그 원형이 무엇인지는 직접 찾아내라.

해직 저 힘들 때 죽도록 힘들다고 느꼈는데요?

저승사자 정말 힘든 사람은 어떤지 보여 줄까?

해직 음… 하지만 아버지가 돌아가셨을 때, 취업이 되지 않을 때, 이혼을 하게 됐을 때는 정말 힘들었다고요.

저승사자 불행 배틀하냐? 저마다 힘듦을 느끼는 강도가 다르다는 것이다. 너는 특히 다른 사람에 비해 느끼는 강도가 약해서 다른 사람의 힘듦을 이해하지 못하지. 너는 모르는 영역이니까. 그런데 또 다른 너의 원형은 다른 사람의 감정을 매우 잘 느낀다. 이런 상반된 원형을 가지고 있어 너는 기복이 심할 때가 있다.

해직 어? 네, 맞아요. 저 좀 기복이 심했어요. 그래서 명상을 하면서 좀 나아졌다고 생각하긴 했는데…

저승사자 네가 가진 원형이 상반되기 때문이지. 너의 잘못이 아니다. 하지만 네가 그걸 선택한 이유는 분명히 존재한다. 그 이유를 찾는 것도 좋겠지.

해직 계속 수업해 주세요. 제가 찾을 수 있게요.

저승사자 자신을 아는 방법으로 명상보다 좋은 건 없다. 꼭 앉아서 각 잡고 명상해야 한다는 것이 아니다. 스스로 질문하는 것도 명상의 일종이다. 이번에는 "네가 정말로 원하는 것이 뭐야?"라고 질문해 보아라.

해직 명상 자세 없이 그냥요? 속으로 하면 되죠?

해직은 속으로 질문해 보았다. 돈, 성공, 호화로운 집 등 많은 것이 떠올랐다.

해직 '이렇게 자동 반사로 나오다니 신기하네. 난 죽었는데 그게 다 무슨 소용이야?'

해직은 저승사자에게 배운대로 그 생각들을 그저 바라보았다. 그러니 그 생각들이 없어졌다. 그리고 텅 빈 느낌이 들 때 다시 물어보았다.

해직 '네가 정말로 원하는 것이 뭐야?'

가슴이 무거워졌지만 그렇다고 '나는 누구인가?'와 같은 질문처럼 느껴지지는 않았다. 다시 생각을 비우고 텅 빈 공간에 질문을 해도 좀처럼 답이 떠오르지 않았다.

해직 사자 님⋯ 잘 안돼요. 답이 전혀 떠오르지 않아요⋯

저승사자 그럴 줄 알았다. 하지만 방법이 있다. 싫어하는 것들을 떠올려 보아라. 인간 세상에서 네가 싫어했던 것들, 어쩔 수 없이 참았던 것들을 말이다.

해직 네, 알겠어요⋯

해직은 앉아서 생전에 싫어했던 것들을 떠올리기 시작했다.

> **해직** '음… 역시 매일 하는 출근과 교통 체증, 지하
> 철의 부대낌, 캄캄한 아침 사무실… 제일 싫
> 었던 것은 상사 비위 맞추기였어. 생존하기
> 위해 견딜 수밖에 없는 괴리감들…'

저승사자는 해직이 살짝 꿈틀대는 걸 보고 말했다.

> **저승사자** 많은 것들이 떠오르나 보구나? 더 이어서 찾
> 아도 되고 여기까지만 해도 괜찮다.
> **해직** 후아… 너무 많은데요? 제가 싫어하는 것들은
> 어떻게 이렇게 금방 떠오르나요?
> **저승사자** 그게 에고가 작동하는 방식 중 하나이기도 하
> 다. 자신이 싫어하는 것을 받아들이지 않고
> 멀리하려 하지. 그 작동 방식을 이용해서 싫
> 어하는 것을 힘들이지 않고 찾아낼 수 있다.
> 하지만 좋아하는 것을 찾으려면 쉽지 않을 것
> 이다.
> **해직** 좋아하는 건 왜 떠오르지 않을까요?
> **저승사자** 싫어하는 것에만 초점을 맞췄던 너의 습관 때

문이지. 좋아하는 것에 초점을 맞추면서 살아
가지 않았기 때문이다. 만약 좋아하는 것에만
초점을 맞췄다면 그 분야에서 성공했을 것이
다. 대부분이 좋아함을 포기한다. 그게 세상
을 사는 방식이라면서 말이지. 정말 기가 찰
노릇이다. 좋아하는 것들을 맘껏 느끼고 체험
하라고 세상에 보냈는데 그러지 않고 후회하
는 너희 인간들이란… 끌끌…

해직은 저승사자의 화제가 또 확장될까 봐 빠르게 질문했다.

해직 제가 떠올린 싫어하는 것들이 자신을 찾는데
어떻게 도움이 될까요?

저승사자 핵심을 파악했구나? 그것참 장하다. 싫어하
는 것들을 떠올리면 그것을 하지 않기 위한
방법을 모색할 수 있다. 그 모색 과정에서 자
신을 알아갈 수 있지. 너는 이미 죽은 몸이지
만 만약 살아 있다면 네가 싫어하는 것을 하
지 않기 위해 뭘 해야 할까?

해직 음… 회사를 다니지 않고도 돈을 벌 수 있는
걸 찾아봐야겠죠?

저승사자 그런데 넌 왜 살아 있을 때 하지 않았지?

해직 회사 일만으로도 벅찼으니까요…

저승사자 웃기는군… 일하지 않는 시간도 충분히 있었는데 말이다. 그냥 네가 안 한 거겠지.

해직 그게… 음… 그럴지도 모르겠네요. 퇴근하면 쉬어야 한다는 생각만으로 가득했으니까요. 다른 걸 하려고 하지 않았어요.

저승사자 대부분이 그렇다. 거기서 뭔가를 하는 사람들은 자기 인생을 살 수 있다.

해직 주말에 뭐라도 했다면 좋았겠죠…

저승사자 그래, 그걸 시작하는 사람과 시작하지 않는 사람은 분명한 차이가 있다. 일단 시작해 보는 것이 중요하다. 자신을 알려면 시작을 해 봐야 된다. 그래야 더 잘 알 수 있다.

해직 막상 뭔가를 하려고 해도 뭘 시작해야 할지 모르는 사람이 대부분이지 않을까요?

저승사자 그래서 싫어하는 것들을 떠올려 보는 거다. 그걸 하지 않으려면 뭘 해야 할까 찾는 것이지. 그리고 곧바로 행동에 옮기는 거다. 행동이야말로 진정한 체험이라 할 수 있다.

해직 생각만으로 모두 다 된다고 하지 않았어요?

저승사자 생각은 행동을 이끌어 낸다. 생각은 너의 내면의 신이 나와서 발현하게끔 한다. 발현하려고 하는데 너의 에고가 쓸데없는 생각으로 한계를 만든다. 이거 해서 뭐 해? 이게 돈이 되나? 이거 하려면 돈이 필요한데? 이건 내가 감당하기 힘들 것 같아. 이런 생각들이 왜 일어날까?

해직 글쎄요… 에고는 뭐든 가지려 하는 성질 아니에요? 그런데 왜 막는 거죠? 더 가지려면 더 행동해야 할 텐데 말이죠.

저승사자 신에게 자리를 뺏길까 봐 그러는 거지. 너의 내면의 신이 행동을 하려 할 때 본인은 뒤로 물러나게 되기 때문이다. 그래서 온갖 부정적인 생각을 떠올리게 해서 너의 행동을 막는다. 뇌도 같은 활동을 한다.

해직 네? 뇌도 그렇다고요? 뇌는 에고 편이에요?

저승사자 뇌는 편이 없다. 그저 육체를 유지하기 위해 존재할 뿐이지. 너의 모든 신체 구조는 생존을 위해 맞춰져 있다. 그리고 완전 자동으로 돌아가지. 네가 굳이 생각을 하지 않아도 되게끔 말이야.

해직 생물학 수업까지 또 확장이네요… 감당하기 어려워요…

저승사자 그래, 네 수준에 맞게 하나씩 알려 주마. 뇌의 작용만 이야기하겠다. 뇌는 너의 육체를 보존하기 위해 존재한다. 생존을 위해 존재하지. 생존과 관련이 없는 일이라 판단하면 그걸 하지 않으려 한다. 쓸데없는 칼로리 소모를 줄이기 위해서지. 뇌는 경험에 의한 기억을 빠르게 떠올린다. 1+1이 2라고 바로 연산할 수 있도록 이미 구축을 다 해 놓았다는 소리다. 생존에 있어 모든 걸 구축해 놓았지. 그런데 네가 다른 생각을 해서 행동을 하기 시작하면, 낯선 환경에서 새로운 정보를 받아들여 그걸 해석해야 한다. 그럼 칼로리를 소모하게 되지. 생존과 무관하게 칼로리를 소모하게 된다고 판단하는 것이다. 그래서 새로운 행동을 하려고 하면 과거의 비슷한 경험을 떠올리는 거지. 이는 부정적인 생각을 떠올리게 만드는 에고의 활동과 유사하다.

해직 아… 이해됐어요! 에고보다 뇌의 작용을 설명해 주시니 이해가 훨씬 빠른데요?

저승사자 그래? 한정된 시각에서 벗어나질 못하는구나… 그래도 괜찮다. 알면 됐다. 그럼 생물학 수업도 해 볼까?

해직 잠깐만요! 아직 자신을 알아가는 수업 중이라고요!

저승사자 다 한 거 아니냐? 이해했다며?

해직 아니, 그래도 행동해야 한다는 말만 하신 거잖아요.

저승사자 행동을 하게 되면 자신이 잘하는 것과 잘못하는 것을 발견하게 된다. 그럼 자신이 잘하는 것에 한해서 방법을 모색한다. 그리고 다시 도전한다.

해직 그런데 시작을 하려고 하면 이것도 해야 하고 저것도 해야 하는 등 준비할 게 떠오르기도 하고, 또 시작한 이상 완벽하게 해야 하잖아요.

저승사자 그게 바로 문제다! 완벽할 필요가 없다. 시작을 하는 순간 이미 어느 차원에선 그것이 완벽하게 되어 있다. 문제는 시작을 한 뒤에 포기하지 않고 계속하는 것이다. 그럼 부족한 점들을 발견하게 되고, 그것을 채우기 시작한다. 그러면서 완벽하게 만든다.

빅뱅을 보여 주지 않았느냐? 처음은 먼지였다. 먼지에서 모든 것이 시작된 것이다. 하나씩 하나씩 뻗어 나가며 말이지. 신조차도 그렇게 만드는데 어찌 너희가 한 번에 완벽하게 만들려 하는가?

해직 그거군요! 그래서 시작이 위대하다는 말이 있는 거군요!

저승사자 그래, 모든 시작은 위대하다. 싫어하는 것을 떠올려 보고 그것을 하지 않기 위한 방법을 모색하고 시작한다. 시작하면서 하나씩 만들어 나간다. 그 과정에서 잘하는 것과 잘못하는 것을 알게 되고, 태생적으로 잘하는 것이 뭔지 알게 된다. 원형이 누구인지 몰라도 그 원형이 네 안에서 계속 발현할 수 있다. 원형이 누구인지 반드시 찾을 필요는 없다. 자신이 잘하는 것을 찾는 것이다.

이 세상을 움직이는 절대 법칙

인간 세계를 한눈에 볼 수 있는 방으로 돌아왔다.

> **저승사자** 세상의 법칙을 한눈에 보여 주마. 거울을 들여다봐라. 저기 절실한 영업사원이 보이지? 무채색과 무지색이 계속 교차하는 놈이 있을 거다. 그를 봐라.

해직은 저승사자가 말하는 사람을 보았다.

거울에 비친 남자는 사람들과 대화를 할 때 분위기를 잘 이끄는 자신의 재능을 알고 있는 듯했다. 그는 이 재능을 살려 의료기기 영업사원으로 회사에서 인정받았다. 그러나 나이가 차고, 회사 내에서 책임이 커지고, 뛰어난 후배들도 생기면서 입지가 좁혀지고 있었다. 어떻게 하면 영업을 더 잘할 수 있을지 고민하던 그는 순간 과거를 떠올린다.

오래전의 그는 살 마음이 전혀 없어 보이는 고객을 상대
하고 있었다. 마침 고객은 무거운 짐을 나르려던 참이었다.

남자 이것만 도와드리고 갈게요.

고객 아무리 그래도 난 안 사.

남자 네, 사지 않으셔도 됩니다. 제가 그냥 지나칠
수 없습니다.

그는 허탕을 쳤다고 생각했다. 그런데 그 고객이 전화해 다
른 사람들을 소개했다. 자기는 필요 없지만 내 지인은 필요
한 것 같다면서.

그 남자는 이 경험을 떠올리고 생각하기 시작한다. '다
른 사람을 어떻게 도울까? 내가 잘할 수 있는 것은 뭘까?' 그
는 오늘부터 만나는 모든 이에게 도움을 주겠다고 다짐한
다. 따뜻한 말, 축복을 담은 인사, 존중하는 태도 등 타인에
게 도움이 되는 것들을 생각했다. 그리고 이렇게 베푸니 다
른 사람들도 자기에게 보답하는 걸 알게 되었다.

남자 '내가 지금까지 사람들을 내 물건을 살 사람
과 안 살 사람으로만 나누며 판단해 버렸구
나. 미리 판단할 필요가 없는 거였는데. 나눌

필요도 없었고.'

판단을 하지 않겠다고 생각하니 마음이 편안해졌다. 마음이 편안해지니 영업 실적에 대한 두려움이 100에서 20으로 준 것 같았다. 두려움이 가라앉으니 모든 것이 즐거웠다. 그의 에너지장 색도 무지개색이 점점 많아지고 있었다. 그가 바라던 미래가 펼쳐질 것 같아 보였다.

> **남자** '이건 그냥 잠시뿐인 게 아닐까? 그냥 정신 승리 같은데…'

그가 바라는 미래가 펼쳐지려면 준비해야 할 것이 많았다. 지금 영업량을 몇 배는 더 늘여야 했다. 생각하니 머리가 지끈거려 고개를 좌우로 흔들었다.

> **남자** '아… 머리만 아프고 답이 나오지 않아…'

그는 다시 마음의 평화를 원하는 것처럼 보였다.

> **남자** '아! 나는 또 판단을 하고 있었구나! 그래 판단하지 말자. 미래는 어차피 불확실하다. 지

금 여기서 최선을 다하자!'

다시 그는 생각했다.

남자 '오늘 만나는 사람에게 내가 줄 수 있는 것은 뭐가 있을까?'

해직 오! 이 사람! 딱 현실적인 사람인데요? 결과에 대한 집착을 버리자고 마음먹은 거군요. 그러면 두려움이 많이 상쇄되니까 지금 여기에 집중할 수 있다! 그럼 오히려 더 잘될 것이다!

저승사자 그래, 잘 짚었다. 그의 생각에는 일곱 가지의 세상의 법칙이 모두 녹아 있다. 세상 사람들이 저렇게만 생각해서 행동하면 이상이 실현될 테지만 그렇지 않지.

해직 일곱 가지 세상의 법칙에 대해 알려 주세요. 저는 아직 두 개밖에 몰라서… 저 남자의 생각에서 일곱 개나 있는 게 안 보입니다.

저승사자 남자의 생각과 행동 안에서 법칙들이 펼쳐지고 서로에게 영향을 주고 확장되며 다시 순환되고 있다. 그는 자신의 재능을 알고 있었다. 그건 다른 사람에게 필요한 것을 제시하는…

너희 인간 세상에만 있는 어처구니없는 일이지만, 인간 말로는 '영업'이지. 자기 재능을 알고 그 재능으로 다른 사람을 돕는 것은 우주의 흐름을 타는 것이다. 그래서 자신을 아는 것이 중요한 것이지. 그걸 '다르마의 법칙'이라 부른다.

해직 그러면 저는 호메로스니까 만약 살아 있다면 글을 써서 다른 사람들을 도와야 하는 거군요? 그럼 우주의 흐름에 타게 되고요?

저승사자 그렇다. 자신을 알게 되면 이 다르마의 법칙의 흐름에 타는 것이 매우 쉬워진다. 그래서 나를 알아가는 연습을 하는 것이지. 다음으로 그가 한 행동은 무엇인지 기억하느냐?

해직 네. 영업과 상관없이 사람들을 도왔죠.

저승사자 그건 '베풂의 법칙'과 '초연의 법칙'이 함께 작용하는 행동이다.

해직 베푼 건 알겠는데 초연은 모르겠어요.

저승사자 영업의 결과에서 벗어나 초연했다는 것이다. 그는 영업과 상관없이 그저 상대를 위해 베풀었다. 그러니 다르마의 법칙과 베풂의 법칙, 그리고 초연의 법칙이 적용되어 우주의 흐름에 확실하게 타게 되는 것이지.

해직 오? 너무 잘 이해됩니다. 나머지 네 개가 남았네요.

저승사자 떠먹여 주길 기다리는 게냐? 네가 한번 생각해 봐라!

해직 무슨 법칙이 있는지 모르는데 어떻게 생각합니까…

저승사자 남은 법칙은 '카르마의 법칙', '순수 잠재력의 법칙'과 '최소 노력의 법칙', '의도와 소망의 법칙'이다.

해직 네? 성장의 법칙은 없어요?

저승사자 그렇게 말할 줄 알았다. 성장은 최소 노력의 법칙에도 적용되고 의도와 소망의 법칙에도 그리고 순수 잠재력의 법칙에도 적용되는 매우 포괄적인 법칙이다. 이 세상에 적용되고 있는 거지. 말이 바뀠을 뿐 모두 같은 의미다.

해직 저는 학생 때도 이런 게 참 싫었어요. 왜 같은 걸 여러 이름으로 부르는 걸까요?

저승사자 사람이 각기 다른 생각을 하고 다른 체험을 한다는 증거지!

해직 아…! 사자 님은 역시 현명하십니다!

저승사자 내가 현명한 것이 아니라 그저 세상이 그렇게 됨을 알고 있는 것뿐이다. 자 스스로 생각해 봐라. 법칙들이 어디서 적용되고 있는지.

해직 음… 카르마는 인과의 법칙이죠? 도움을 준 고객이 다른 지인을 소개함으로써 카르마가 되었죠. 그리고 순수 잠재력의 법칙은 음… 전혀 모르겠어요. 성장의 법칙을 적용하려 해도 모르겠어요. 알려 주세요!

저승사자 순수 잠재력의 법칙은 판단하지 않는 것이라 할 수 있다. 판단은 성장을 방해한다. '저 사람은 저럴 거야' '이건 내가 할 수 없는 일이야' 등의 생각은 모두 판단이다. 판단하지 않음을 선택할 때 재능에 순수한 꽃이 핀다. 아무리 재능이 뛰어나더라도 판단을 하는 순간 평범해지지. 자신이 한계를 만들어 버리니까.

그리고 카르마는, 이미 너도 어렴풋이 알겠지만 보충 설명이 필요하다. 카르마는 베풂의 법칙과 함께 작용될 때가 많은데 여기서 중요한 것은 순수 잠재력의 법칙과 초연의 법칙을 함께 적용시켜야 한다는 거지. 대가를 기대하고 도와주면 초연의 법칙 위반, 순수 잠재력의 법칙 위반이라 흐름을 탈 수 없다. 결과를 생각하지 않고 판단하지 않고 순수한 마음에서 도움을 주어야 흐름에 탈 수 있다. 하지만 인간들은 도움을 주는 것과 받는 것을 동일화하지. 그럼 받지 못했을 때 마음에서 집착이 생겨나고 감정이 좋지 않아지며 결국 인생의 나쁜 영향을 받는다. 너는 경험했지 않느냐? 친구에게 돈을 빌려줬을 때 말이지.

해직 그러네요. 저는 도움을 준 것에 집착했죠. 친구는 그걸 생각도 안 하는 것처럼 보였어요. 제가 집착하니 그것만 눈에 보였겠죠. 그 친구가 점점 싫어질 수밖에 없네요…

저승사자 그래, 그거다. 잘 생각했군. 나머지 법칙도 생각해 봐라.

해직 음… 나머지 법칙이 최소 노력의 법칙과 의도와 소망의 법칙이죠? 의도와 소망은 어렴풋이 알 거 같아요. 그 남자가 해야 할 영업 목표이죠? 회사의 목표를 자신의 목표라고 생각했다면요. 그럼 의도와 소망은 이미 흐름을 탔다고 생각합니다. 그런데… 최소 노력의 법칙은… 잘 모르겠어요.

저승사자 지금 이 순간 일어나는 것들을 받아들이는 자세를 취할 때 흐름에 타게 된다. 그것이 최소 노력의 법칙이다. 그는 지금 여기서 최선을 다하기 위해 '오늘 만나는 사람들에게 줄 수 있는 것은 무엇일까' 생각했다. 결과를 생각하지 않는 초연의 법칙이 작용하고, 판단하지 않는 순수 잠재력의 법칙이 작용하고 있는 지금 여기에서 일어나는 것들을 받아들이는 최소 노력의 법칙까지 작용하면서 흐름에 완벽하게 타게 되는 것이지. 우리는 아직 보지 못했지만 남자는 애쓰지 않아도 충분히 해낼 수 있을 것이다. 이게 최소 노력의 법칙이다.

해직 와… 이 법칙들만 알아도 세상 사는 데 너무 큰 도움이 될 것 같은데요?

저승사자 하지만 이 법칙들을 알게 되어도 자신을 모르고 목표를 뚜렷이 세우지 않으면 아무 의미 없이 흘러갈 뿐이다. 고로 자신이 잘하는 것으로 남을 돕기 위해서 자기부터 알아야 함이 중요한 것이지. 넌 이제 자신을 알게 되었다고 말할 수 있느냐?

목표가 뚜렷할 때 우주는 돕는다

해직 음… 글쎄요… 난 뭘 잘하더라…

저승사자 그게 아니다! 자신의 재능을 찾기 위해서는 거쳐야 할 단계가 있다. 지금까지 수업을 하지 않았나? 싫어하는 것부터 찾는 것이다! 그게 가장 빠른 길이다. 답에 도달하기 위해서 에고의 작동 방식을 이해하는 것이 그래서 필요하다.

해직 네. 그럼 저 잠깐 찾아봐도 될까요?

저승사자 바로 시작하고 싶다는 거지? 하지만 넌 죽었는데 뭐 하러?

해직 그래도 찾고 싶어요! 내 장점을 한 번도 발견한 적이 없어서 그런가 봐요.

저승사자 그래, 네가 원하면 그러도록 해라.

해직은 싫어하는 것을 다시 떠올리고 그걸 피하기 위한 방법을 천천히 생각했다.

해직 '음… 일단 회사를 다니지 않을 정도의 돈을 벌 수 있는 길을 찾아야겠지… 음…'
사자 님! 여기 인터넷 없어요?

저승사자 인터넷이 왜 필요하냐? 저 거울을 보면 다 볼 수 있는데?

해직 오! 그러네요! 아… 그런데 검색 기능은 없나요? 제가 원하는 것을 찾고 싶어요!

저승사자 그냥 마음 속에 떠올리면 쭉 나타날 거다. 그 중 골라서 보면 된다.

해직은 큰 돈을 번 사람을 떠올렸다. 그리고 거울을 들여다보며 회사를 그만두고 자기 사업을 시작한 사람의 인생을 찾았다.

해직 앗? 저 친구는 내가 다니던 회사 디자인부의 막내인데! 지금 엄청 잘나가는구나!

저승사자 흠… 잘 골랐구나. 그럼 수업을 이어서 하도록 하지. 정 모를 땐 다른 사람의 스토리가 도

움이 된다. 너희는 신의 조각들로 모두 하나
다. 그렇기 때문에 다른 사람의 방법 또한 너
에게 도움이 된다. 하지만 명심할 것은, 똑같
은 것은 없다.

해직은 거울로 성공한 사람들의 방식과 생각들을 들여다보
며 저승사자의 말에 대답했다.

해직 저렇게만 하면 되지 않을까요?

저승사자 다시 말하지만 똑같은 건 절대 없다. 저 사람
의 방식을 따라 하더라도 분명하게 다르다.
따라 하면서 네 원형의 색깔이 나오기 시작한
다. 그렇게 완전히 다르게 된다.

해직 아! 그렇군요!

저승사자 너의 후배가 어떻게 했는지 직접 가서 보도록
하지.

해직 오, 네. 그게 좋겠어요! 제가 보지 못한 장면
을 보면 저도 알게 될지 모르니까요!

저승사자는 해직의 후배가 디자인 부서의 막내이던 때로 이
끌었다.

해직 이때 디자인부는 사장님 직속 부서였는데 갑질이 어마어마했어요. 지들은 다 해준다고 하는데 작업을 요청하면 이거 해 와라 저거 해 와라 말이 많았죠. 그래서 다들 싫어했던 게 기억나요.

저승사자 막내를 봐라.

그는 디자인 의뢰가 들어오면 부서 사람들과 다르게 모두 맞춰 주었다. 심지어 웃으면서 상냥하게 응했다.

해직 다른 사람들은 항상 '아, 귀찮아!' 이런 식인데 저 친구만 그러지 않았네요? 어떻게 그럴 수 있었을까요?

저승사자 그는 뚜렷한 목표가 있었다. 그 목표를 이루기 위해 모든 상황을 연습이라 생각했다. 그러니 즐거울 수밖에 없지. 그 목표에 점점 다가가는 것처럼 느껴질 테니.

해직 그럼 저 친구는 처음부터 모든 걸 생각했던 걸까요?

저승사자 처음부터는 아닐 것이다. 혼란한 시기가 있었지. 하지만 목표를 정한 뒤로는 흔들림이 없었다. 그 증거가 바로 저 웃음이다. 궂은일도 모두 연습이라 생각했다.

해직 음… 뚜렷한 목표 설정이 있으면 저 막내처럼 될 수 있다는 걸까요?

저승사자 그거다! 잘 봤다! 싫어하는 것을 추려서 해야 할 목표를 뚜렷이 세우는 것이다.

해직 하지만 아무리 목표를 세운다고 해도 현실을 살다 보면 그 목표가 흔들릴 때가 있잖아요…

저승사자 저 막내를 봐라. 흔들림이 있어 보이느냐?

해직 에이… 하지만 쟤는 쟤이고 저는 저죠… 저도 목표를 뚜렷이 세운 적이 있었어요. 아무도 모르는 온라인 대행사를 다닐 때 특히 그랬죠… 앗! 앗! 저는 그때 목표가 중견 기업이나 대기업으로 이직하는 거였어요! 맞네! 저도 이뤘네요!

저승사자 그래. 저 막내는 너와 목표가 달랐던 거다. 그는 사장이 되고 싶었고, 사장이 되려면 알아야 할 것들을 배우느라 매일이 즐거웠던 것이다. 그는 이렇게 생각했다. '영업 부서는 이런 디자인이 필요하구나. 영업 부서에서는 왜 이 디자인이 고객에게 통할 거라고 생각한 걸까? 이 디자인의 포인트는 무엇일까?' 네가 디자인을 맡길 때면 그가 항상 질문했던 게 기억날 것이다. 그는 궁금했던 거다. 다른 부서의 생각과 경험을 모두 자신의 체험으로 만들고 싶었던 거다.

해직 아… 이제 이해가 가요. 싫어하는 것을 찾은 뒤에 자신이 정말 원하는 것을 찾으면 그것이 목표가 되고, 세상의 모든 것들을 그것을 이루기 위한 연습으로 보게 된다는 거군요. 후배는 그 연습이 전혀 힘들지 않고 재밌었대요? 아직도 석연치 않아요. 저도 목표를 이루긴 했지만 세상에는 목표를 이루지 못하는 사람이 너무 많아요. 물론 의지가 약해서 일 수도 있지만…

저승사자 의지가 약한 것이 아니다. 목표가 가짜 목표이기 때문이지. 그래서 우리는 싫어하는 것을 먼저 찾은 것이다. 그러면 진짜 목표를 찾을 수 있다. 가짜 목표는 남이 했던 것을 그대로 따라 하는 것이 대부분이다. 남이 이만큼 벌었다고 똑같이 하면 돈을 벌 수 있을 거라 착각한다. 자기만의 목표를 정하지 않고 그저

남을 따라 하는 것은 아무 도움이 되지 않는
다. 도움이 되는 것은 실패를 한 경험이지. 하
지만 인간들은 열심히 했는데도 안 됐다며 불
평한다. 항상 자신을 보지 않고 외부를 보지.
디자인부 막내가 어떻게 성장하는지 보아라.

해직은 다시 디자인부 막내에게 시선을 돌렸다. 저승사자는
시간을 적당히 빠르게 감아 주었다. 막내는 실력을 차근차
근 쌓아 나갔다. 외식업에 관심이 많던 그는 특히 외식 사업
부의 디자인을 많이 맡았다. 외식 사업부 사람들과 많은 이
야기를 나누며 정보를 얻고 외식 사업부가 실패한 사례와
성공한 사례를 홀로 분석했다. 본인만의 외식 사업체를 낼
수 있을 정도로 돈이 모이자 퇴사를 결심했다.

　　그는 브랜드 디자인과 인테리어 디자인을 손수 진행한
끝에 첫선을 내보였다. 사람들의 반응은 매우 좋았다. 순식
간에 2호점을 내더니 금세 300호점까지 확장했다. 그리고
중국까지 진출했다. 불과 3년 만에 회사는 크게 성장했고 그
가 다니던 회사의 외식 사업부의 사람들, 심지어 자기보다
상사였던 사람들도 그의 밑에서 일하게 되었다.

　　해직　와… 저렇게 단번에 흐름을 타 버렸구나… 저

후배랑 더 친하게 지냈어야 했는데…

저승사자 후회하는 것이 더 멍청하다. 이제 다른 사람
도 보도록 하자.

해직 네? 아직 감동이 가시지 않았는데요? 그리고
뭔가 중요한 걸 말씀해 주셨는데 더 묻고 싶
은 게 있…

저승사자는 낫을 들고 에너지장을 불러 원래 있던 곳으로
해직과 돌아왔다. 체념한 듯 해직이 거울을 들여다보자 찢
어지게 가난한 아이가 보였다. 가난한 데다가 이유 없이 구
타를 당하기도 했다. 그의 유년시절이 너무 안쓰럽게 느껴졌
다. 해직은 그의 인생 전체에서 특이점을 찾고 싶었다. 그의
인생 파노라마를 펼쳤다. 놀랍게도 파노라마에 나와 있는
특이점을 보여 주는 빛이 모두 초반에 쏠려 있었다.

해직 '뭐지? 이 사람! 어떻게 이럴 수 있지? 보통은
특이점이 하나둘이던데 몇십 개나 있네? 거
기다 초반에 모두 몰려 있어.'

해직은 그 특이점들을 하나씩 살펴보았다.

저승사자 그렇게 해서 알 수 있겠냐? 직접 보러 가자!

해직 그거 좋은데요? 얼른 가죠!

서기 3172년 지구, 게임장

진석 '정신을 얼마나 잃었던 거지?'

진석은 주위를 살피다 큰 상처가 생긴 걸 깨달았다. 천장이 무너지며 깨진 유리 조각이 진석의 배에 꽂혀 피가 나고 있었다.

진석 '아… 이런… 움직일 순 있을까?'

진석은 움직여 보려 했다.

진석 아아악!
'이런, 못 움직이겠어. 120년 살았으니 이번 생은 이정도로 충분한 건가?'

멀리서 목소리가 들렸다.

구조대 원로회가 보내서 왔습니다. 안에 누구 있나
요?

진석 '아직이구나! 할 일이 남았나 보군!'
네! 여기! 악! 여기 있어요!

구조대 금방 갈 테니 조금만 기다려 주세요!

신의 조각을 찾아서

해직 사막밖에 없어요! 여긴 어디예요?

저승사자 여긴 네가 들여다본 사람이 태어난 곳이다.
매우 척박한 땅이지. 아주 오래전에는 여기도
비옥했다. 하지만 지금은 황량한 사막밖에 없
지. 이런 곳에서 그는 태어났다.

해직 오? 저기 그 주인공이 보이는 것 같아요!

시리아 사막의 천막에서 갑자기 여자의 비명 소리가 들렸다.

해직 무슨 일이 일어난 것 같아요!

해직과 저승사자는 한걸음에 천막 안으로 옮겨 갔다. 그곳에
서는 처참한 일이 벌어지고 있었다.

남자 우리 집안에 아이는 하나면 충분해! 사막에는 먹을 것도 없어! 이 한 몸 먹을 것도 없지! 너는 축복받은 거야! 왜인 줄 알아? 네 아이 둘 중 하나를 내가 방금 죽였고 넌 남은 하나만 키우면 돼. 네 부담을 내가 덜어 준 거라고! 너는 이제 네 아이와 나가서 살아야 하니까!

여자 왜! 왜 이러는 거예요? 아이가 대체 뭘 잘못했다고!

해직 '아니 어떻게 사람이 저럴 수 있는 거지? 자기 아이를 죽이다니…'

남자 나가! 여기서 당장 나가!

여자는 살아남은 아이와 황량한 사막에 던져졌다. 여자는 아이를 살리려면 어쩔 수 없이 다른 부족에 의지할 수밖에 없었다. 여자와 아이는 그렇게 항상 굶주린 채 외부인으로 살아갔다. 아이는 자기 생일도 몰랐다. 아이가 네 살 때 여자는 세상을 떠났다. 아이는 조모에게 맡겨졌다. 그 아이가 가진 것이라곤 옷 한 벌뿐이었다.

해직 어떻게 저런 인생을 살 수 있는 거죠?

저승사자 자기 선택인 것을 난들 어쩌겠냐? 저 사람의 파노라마에서 보았듯이 모든 특이점이 인생 초반에 쏠려 있다. 더 지켜봐라.

해직 자기 선택이라는 말은 윤회 과정 속 원형 선택을 말씀하시는 걸까요?

저승사자 그렇다. 윤회를 할 때 파노라마를 보고 결정할 수 있다. 생전에 하지 못한 체험을 하고 싶어 하기 때문이지. 그러나 꼭 그 파노라마처럼 되지는 않는다. 그건 에고 때문일 수도 있고, 내면의 신이 현현하기 때문일 수도 있지. 지금은 그저 지켜봐라. 윤회 수업은 아직이다.

해직은 아이를 계속 쫓으며 관찰했고 저승사자는 빠르게 시간을 감아 주었다. 아이는 할머니의 반대를 무릅쓰고 맨발로 수 킬로미터를 걸어 학교에 갔다.

해직 아니, 이 조그만 아이가 어떻게 이럴 수 있죠?

아이는 성장하여 옷이 작아졌는데 갈아입을 옷이 없었다. 아이들에게 놀림당하고 이유 없이 구타도 당했다. 도움을 구하러 아버지를 찾았으나 몽둥이질만 실컷 맞았다. 그렇게 아이는 열 살이 되었다. 어느 날 아버지는 갑자기 나타나 낡은 자전거 한 대를 주고 떠났다.

해직   아니! 저놈의 아비는 대체 뭐야!

저승사자   지금이다. 그의 특이점이 발현되고 그 안에서
내면의 신이 현현되는 시점!

해직은 아이를 유심히 봤다. 아이는 그 자전거를 타지 않고
친구들에게 빌려주면서 돈을 받았다. 그 돈을 모아 아이는
학교 교재를 구입했다.

아이   내 운명에서 벗어날 유일한 기회는 공부에 있
어! 아는 것이 중요해!

그렇게 아이는 국가에서 지급하는 유학 장학금까지 받는 학
생이 되었다. 아이의 이름은 모헤드 알트라드 Mohed Altrad. 그는
알트라드 그룹의 회장이자 억만장자가 되었다.

해직   와… 무슨 말을 해야 할지 모르겠어요! 억만
장자가 될 수 있는 환경 자체가 아니었잖아
요! 그런데 이렇게 되다니!

저승사자   아이는 현재 자신이 할 수 있는 것에 집중했

다. 어릴 때는 장학금으로 공부를 하는 것 외에는 방법이 없었다. 졸업을 하고 아부다비 국영 회사에서 일하면서 사업 아이템을 찾아다녔다. 매 순간 할 수 있는 것은 뭐든지 했다. 자전거를 가졌을 때 그는 자신을 때리고 놀리던 아이들에게 과시하고 싶었을지도 모른다. 하지만 그는 그걸 가지고 첫 사업을 했지. 많은 사람들이 환경 탓, 부모 탓, 남 탓만 해댈 때 그는 자기가 할 수 있는 것에 집중했다. 만약 그가 어릴 때 자전거를 타고 다니며 자랑만 했다면 어떤 일이 벌어졌을 것 같으냐?

해직 글쎄요…?

저승사자 우리는 이 환경을 바꿔서 볼 수도 있다.

저승사자가 손가락을 팅기자 아이가 자전거를 받던 어린 시절로 돌아왔다.

아이 '나를 놀리고 때리던 놈들에게 보여 줘야지!'

아이는 동네에서 귀한 자전거를 타며 뽐내기 시작했다. 아이

들은 부러워하면서 질투했다. 자기보다 훨씬 못났다고 생각
하던 아이의 자전거를 뺏고 싶어졌다. 아이들은 알트라드를
잡아서 창고에 가두고 자전거를 갈취해 버렸다. 그를 찾는
사람조차 없어 알트라드는 창고에서 숨을 거뒀고 6개월이
지난 후에야 발견되었다.

해직 한 선택에 따라 결말이 이렇게나 달라진다고
요? 억지 아닌가요?

저승사자 자전거는 우주의 선물이었다. 우주가 그에게
혹독한 현실에서 벗어날 기회를 줬다. 그런데
그는 그 기회를 우월감을 느끼는 수단으로 사
용했다. 그가 처한 환경은 척박하고 미개한
곳이었다. 당연한 결과다. 내면에 있는 에고
는 항상 우월감을 느끼고 싶어 한다. 그 우월
감은 순간일 뿐 영원하지 않다. 너는 대한민
국에서 태어났고 대한민국은 치안이 좋은 나
라다. 너의 경우엔 잘못된 선택을 해도 환경
이 받쳐 줄 수 있다. 다시 선택할 수 있는 기
회가 많다는 뜻이지. 하지만 알트라드가 살던
시대의 시리아는 그렇지 않다. 너는 행복한
환경에 있었다.

해직 한국은 헬조선이라고 불리기도 하는데요? 제가 취업할 때 이런 말이 있었어요. 3포세대라고요. 연애, 결혼, 출산은 꿈도 못 꾼다는 말이죠. 지금은 5포세대라던데요? 집과 경력까지 추가됐어요.

저승사자 넌 알트라드를 보고도 그런 말이 나오느냐? 또 환경 탓을 하는구나!

해직 아…! 그러네요… 죄송합니다…

저승사자 첫 수업에서 너와 전 부인, 그리고 너와 현 여자 친구를 보여 주었다. 거기서 되풀이되는 과업을 완수하려면 남 탓은 필요가 없다는 걸 말해 줬는데도 말이다.

해직 네, 제가 죄송해요… 그냥 버릇처럼 나왔어요…

저승사자 아직 네 안에 에고가 크게 자리 잡혀 있기 때문이겠지. 에고가 작동하는 방식에 대해 배워야 할 필요성이 있을 것 같군.

해직 에고가 작동하는 방식이 있나요?

저승사자 네 행동들을 돌아보면 배울 수 있을 것이다. 가자.

예고의 숨겨진 작동 원리
—내 성격은 왜 이럴까?

저승사자는 해직을 다른 시간대로 데려다 놓았다.

해직 여긴 어딘가요?

저승사자 지금부터 너의 성격이 왜 그 모양이 되었는지 볼 것이다.

해직 네? 제 성격이 어때서요? 저승사자 님보다 더 좋은 것 같은데요?

저승사자 쪼잔하지. 방금 한 말에도 상대방을 공격하는 쪼잔함이 묻어 있지.

해직 …아니 어떤 사람이 공격받고 가만히 있습니까?

저승사자 낫으로 반 나뉘는 고통을 아는 사람?

해직 칫… 치사해…

저승사자 응? 갈라 줘?

해직 저 웃고 있습니다. 헤헤.

저승사자 이 시간대는 네가 형의 존재를 인식하는 시간대이다. 어렸을 때지.

해직 아기일 때부터 성격이 형성되나요?

저승사자 대다수가 그렇지만 사람마다 차이가 있다. 태어날 때부터 가지고 있는 것과 환경적으로 형성되는 것이 있지. 타고난 것은 자신이 알 것이다. 그리고 그 타고난 것은 지금 볼 수 없다. 그건 네가 태어나기 전에 선택했기 때문이지. 태어나기 전 과거로 갈 수도 있고 죽은 후 미래도 갈 수도 있지만 네가 무엇을 선택했는지에 대한 모습은 볼 수 없다. 그것은 비어 있어.

해직 궁금한 것이 있는데요, 비어 있는데 왜 내가 선택한 걸 마치 알고 있는 듯이 이야기하는 거죠? 저승사자 님도 못 봤으니 모르는 것 아닌가요?

저승사자 너와 갈 수 없을 뿐이지 네가 선택했다는 건 알고 있다는 거다.

해직 저는 선택한 적이 없는데 무슨…

저승사자는 낫을 가리키며 해직을 쳐다봤다.

>**해직** 치… 말문만 막히면 낫이야…
>
>**저승사자** 네가 선택했다는 것은 나중에 알게 되니까 지금은 네 성격이 왜 그 모양이 되었는가를 보도록 하자. 자, 저 모습을 봐라.

해직은 저승사자가 가리키는 쪽을 보았다. 거기엔 다섯 살 해직과 아홉 살 해직의 형이 함께 있었다.

>**해직** 아… 형이네… 형과는 사이가 너무 안 좋았지… 어릴 때는 꽤 좋아 보이네요.
>
>**저승사자** 형은 네가 세상에 나올 때부터 너를 좋아했다. 그리고 지금도 너를 좋아한다. 네가 받아주지 않을 뿐이지.
>
>**해직** 좋아하는 사람을 때리고 하대하고 다른 사람을 시켜 괴롭히나요?
>
>**저승사자** 사춘기 땐 누구나 미친놈이 되기 때문에 실수를 한다… 에고가 강하게 작동하기 때문이지.
>
>**해직** 에고라는 게 참… 성장을 위해 존재한다고 말씀하셨지만 항상 안 좋은 길로 안내하는 것

같아요.

저승사자 지금은 환경적으로 너의 에고가 형성된 사건을 보고 있다. 너와 형은 서로 좋아하고 아껴주었다. 어릴 때는 말이지. 그러나 너는 아직 사춘기가 무엇인지도 모를 때 형에게 사춘기가 왔고 둘의 사이가 틀어졌다.

해직 어렸을 땐 형을 매우 좋아했던 게 기억나요. 제 세상엔 엄마 아빠보다 형이 먼저였어요. 형과 놀이터에서 놀기, 침대에서 레슬링하기는 당시 가장 큰 행복이었어요. 형은 피아노 위로 올라가서 침대로 뛰어내리기도 했죠. 지금 생각해 보니 그때 어디 하나 부러지지 않은 게 다행이네요. 하지만 형은 중학교에 들어가면서 달라졌어요. 놀아 주지 않고 저를 귀찮게 여겼죠. 형을 유일한 친구라고 생각한 저는 배신감을 느꼈어요. 그리고 형은 허풍쟁이에 허세 덩어리가 되었어요. 하는 일마다 실패하고, 잘나갔던 과거만 매일 곱씹고, 모든 걸 세상 탓 정부 탓으로 돌려요. 정말 들어주기 싫어요.

저승사자 한 번도 형을 이해하려고 하지 않았구나. 만약 네가 형을 이해했다면 형은 그렇게 되지 않았을지도 모르지. 네가 바랐던 것처럼 동생을 이끌어 주는 능력 있는 형이 되었을 수도 있다. 하지만 그렇게 되지 않았지. 너에게 형성된 에고는 남을 이해하고 포용하는 것이 아니거든.

해직 저, 다른 사람 이해하고 포용 잘해요! 친구들이 힘들다고 하면 제가 할 수 있는 선에서 최선을 다해 도왔어요. 그리고 받은 것이 있으면 무조건 되갚으려 해요. 그런데 그런 걸 모르고 지 살길만 찾는 놈들, 주지 않고 받기만 하는 놈들, 은혜를 모르는 놈들이 내 친구였다는 게 짜증이 나죠.

저승사자 그래, 이 쪼잔한 녀석아! 너는 받았으면 다시 베풀어야 한다는 인식이 있다. 그건 좋은 거지. 그런데 그걸 남들에게도 적용시킨다. 남들도 너와 똑같이 해야 한다고 생각한다. 왜 그래야 하지?

해직 그게 좋은 거 아닌가요? 사자 님도 좋다고 한 것처럼요.

저승사자 반만 좋다. 넌 먼저 줬어야 한다. 받길 기다리는 것이 아니라. 형과 네 관계를 보자. 네가 형과 놀이터에서 놀고 있는 모습이다.

에너지의 흐름이 일어나는 듯하더니 순간 어린 해직과 형의 모습이 보였다.

해직 기억은 안 나지만, 둘 사이가 좋아 보이네요.

놀이터에서 놀다 집으로 들어가고 있는데 형의 친구들이 나타나 형을 놀리기 시작했다.

친구들 동생이랑만 노는 해준이는 친구가 없대요~
해직 어? 저 장면 기억나요. 그 뒤로 형은 살짝 저를 멀리했어요.
저승사자 그뿐만이 아니다. 집으로 같이 따라가 보자.

해직과 해준이 집으로 들어가니 아버지가 형을 불러서 혼을 내기 시작했다. 초등학교 2학년이 되었으면 이제 장난감은 그만 가지고 놀아야 한다고 했다.

해직 저런 일이 있었어? 아직 초등학교 2학년인데 무슨 장난감을 그만 가지고 놀아! 더 놀아야지! 아빠, 너무한 거 아냐?

저승사자 형은 어릴 때부터 장남 교육을 받았고 그 부담감을 매일 느꼈다.

해직 그건 어렴풋이 알고 있어요. 그렇다고 해도 형은 점점 못되게만 굴었어요.

저승사자 너의 어릴 때 세상에선 형의 영향력이 매우 컸다. 그래서 형이 달라지기 시작하자 너에게도 큰 변화가 찾아왔지. 그때 너의 에고가 작동하기 시작한다. 형과 동일화했던 것이 끊어지는 느낌을 받자 다른 것으로 대체하려 한다. 그 대체는 다른 사람이나 사물에게 옮겨갈 수도 있지만 보통은 미움이 자리 잡게 되지. 미움으로 위안을 삼으려 한다. 다른 사람과 사물을 찾는 것보다 더 쉽기 때문이다. 그게 에고의 작동 방식이다. 마음에 미움이 한 번 자리 잡기 시작하면 걷잡을 수 없이 커지게 된다. 다른 사람을 대할 때도 그것이 작동하지.

해직 미움이 생기는 것은 알겠는데, 왜 다른 사람을 대할 때도 작동하죠?

저승사자 미움이 자리를 잡았으니 다른 사람에게도 적
용을 한다. 쉽게 말해서 본인의 경험에 의해
다른 사람이 나에게 이렇게 하지 않을까 하는
판단을 먼저 해 버리는 거지. 그것이 에고의
작동 방식이다. 뭐든지 판단하려 든다.

해직 그럼 이때 제가 쪼잔해졌다는 건가요?

저승사자 그렇다.

해직 인정하기 엄청 힘든데요?

저승사자 네 안에 미움이 자리 잡혔으니 상대방을 이해
하려 들지 않는다는 거다. 네 마음이 더 이상
상처받지 않도록 미움이 작용하는 것과 같다.
그럼 에고는 이렇게 작동한다. 상처받지 않기
위해서 미움을 불러들이고 미움을 더 크게 확
장시킨다. 네 눈에 보이는 모든 것에 미움을
적용시킨다. 그러니 상대방을 이해하려는 마
음은 없어진다. 이해가 되느냐? 너는 그것을
네 형에게 적용시키면서 점점 형을 싫어하게
된 것이다. 상대방을 이해하려 하지 않으니
마음은 더 쪼잔해진다. 에고가 자신의 마음
만을 지키려 하기 때문이지. 그러나 상대방의
마음도 그렇다는 걸 알게 되면 미움이 줄어든

다. 여기서 에고가 똑같이 작동한다. 상대방의 마음도 자신의 마음과 같다는 걸 알게 될 때 상대방의 마음을 자신의 것으로 만들려 한다. 그렇게 상대방을 이해하게 되는 아이러니가 펼쳐지는 것이다. 그럼 미움이 아닌 상대의 마음을 불러들이게 된다. 그렇게 너는 상대의 마음으로 세상을 볼 수 있게 된다. 앞서 수업에서 원하는 것은 결국 상대방의 손에 들려서 오게 된다고 말했었다. 상대의 마음으로 세상을 볼 수 있을 때 결국 본래의 너가 된다는 것이다. 거울방 수업을 잊었느냐?

해직 똑똑히 기억하고 있어요. 하지만 이건 알다가도 모르겠어요. 아! 상대방도 에고를 가지고 있고 에고에 따라 행동하고 있다는 걸까요? 에고는 모든 걸 가지려 하니까 상대방의 에고가 나를 가지려 하는 거라고 이해하면 될까요?

저승사자 상대방의 에고는 너를 가지려 하지 않는다. 그 에고도 너와 마찬가지로 자신의 것을 더 키우려 할 뿐이다. 그래서 에고를 역이용하는 것이다. 에고는 모든 걸 가지려 한다. 서로가 가진 것이 결국 하나인 줄 모르고 방어를 하게 된다. 가지기 위해서 내 입장만 주장하면 절대 가질 수 없다. 상대방의 에고가 방어를 하기 때문이지. 상대방의 에고 또한 자신의 것을 고수하려고 갖은 수를 쓰고 있다. 그리고 너의 에고도 갖은 수를 써서 너의 입장을 고수하려 할 것이다. 하지만 네가 먼저 상대의 입장을 고려한다면 그 방어를 무너뜨릴 수 있다. 상대방의 방어가 무너지면 처음엔 승리감을 맛보다가 이상한 허무감이 생긴다. 이때 그 빈 공간에서 감사의 마음이 싹트기 시작한다. 감사는 모든 이에게 있는 공통된 내면의 신에게 직접 에너지로 흘러 들어간다. 그리고 이때의 에고는 감사하는 마음을 더 가지려 든다. 감사하는 마음을 가지려면 어떻게 해야 하는가? 아이러니하게도 자신의 것을 내어 주려 한다. 그러면 상대방의 에고에도 마찬가지로 감사가 싹튼다. 에고는 자신의 것을 복사했다. 그것도 내면이 아니라 밖에서. 이것이 곧 사랑이다.

하지만 이 순간은 아주 잠시 따뜻하게 기억

될 뿐 영원하지 않다. 다시 에고가 작동한다. 아직 가지고 싶은 다른 것들이 많기에… 혹은 무리 속 우월감에 취해서…

저승사자는 갑자기 비틀거렸다.

해직 괜찮으세요?

저승사자 …무슨 일이 일어나는 모양이군.

해직 네? 어디에서요? 하늘에서요?

저승사자 그걸 알려 줄 순 없다. 미안하지만 빠르게 수업을 마무리해야겠다.

해직 아직 듣고 싶은 것이 많은데…

저승사자 어쩔 수 없다. 미안하구나. 너에게 아직 알려줄 것이 많은데 말이지… 죽음을 살펴보러 가도록 하자.

해직 네? 갑자기 커리큘럼의 마지막 죽음이에요?

저승사자 끝까지 말이 참 많아! 다시 입 막아 줄까?

해직 가요~ 가요~ 궁금해요~

꿈을 통해

영신은 성인이 된 아이가 에고에 휘둘려 잦은 시행착오를 겪는 모습을 보기가 안타까웠지만 이 또한 경험이기에 의미가 있다고 생각했다. 한편으로는 에고가 유년기와 청소년기를 거쳐 자기만의 기준을 잡기 시작한 것 같기도 했다. 하지만 모든 것을 동일화하려는 습성은 나아지지 않았고, 상대방과 나를 분리하는 본성을 더 강화시켰다. 영신은 아이에게 전체라는 개념을 알려 주고 싶었다. 어떻게 알려 줄 수 있을까?

영신 '에고가 하는 방식대로 계속 흘러가면 아이는 좌절만 겪게 될 확률이 높아. 경험을 하면서 에고도 나름의 기준을 만들어 가는 것 같지만… 그 기준도 어찌 보면 한계를 정하는 것에 불과해… 아이에게 세상은 분리된 것이 아니라는 것을 어떻게 알려 줄 수 있을까?

성인이 된 아이는 세상과 자신이 분리되어 있다는 생각과 에고가 그어 놓은 한계 때문에 항상 고민이 많았다.

성인이 된 아이 '나는 왜 잘하는 게 없을까? 유학을 다녀온 것도 아니니 취업도 잘 안 되는 것 같고… 대학교 때 노래만 불러서 졸업 성적도 좋지 않아… 나는 뭘 하며 살아야 하지…'

영신은 아이가 자신에 대해 생각할 때 에너지가 달라짐을 느꼈다. 에고는 그것을 느끼지 못하는 것 같았다. 영신은 이 에너지를 사용할 수 있음을 직감했다. 그 에너지는 영신에게 직접적으로 흘러 들어오는 것 같았다.

영신 '그래, 이 에너지가 극대화될 때 내가 할 수 있는 것이 있을 거야!'

성인이 된 아이는 고민하다 잠들었다. 에너지는 확장되어 영신에게 흘러 들어왔다. 아이와 직접 연결된 것 같았다.

영신 '자신에 대해 생각하다 잠이 드니 나와 바로 연결이 되는구나! 성인이 되고서야 자신에

대해 생각하기 시작했기 때문일까? 어쨌든 이걸 활용해 보자.'

영신은 앉아서 에너지를 온몸으로 느끼며 하나됨에 집중했다. 그러자 아이와 만날 수 있었다.

영신 해직아… 넌 괜찮아… 넌 이대로 완벽해… 모든 건 너를 위해 존재해…

성인이 된 아이 네? 뭐라고요? 잘 안 들려요! 하지만… 너무 따뜻해…

아이는 오랜만에 자면서 행복감을 느꼈다.

아이가 잠에서 깨자 영신은 연결된 에너지가 약해지는 걸 느꼈다. 다시 에고가 미친 듯이 활동하기 시작했다. 아이는 눈에 보이는 모든 것에 감정을 부여하고 있었다.

성인이 된 아이 아… 꿈은 좋았는데… 그러면 뭐 해! 나는 취직도 못 하는 놈인데!

그러면서 손에 잡히는 물건을 벽에다 집어 던졌다.

영신은 확실히 알게 되었다. 꿈을 통해서 아이와 접촉

할 수 있다. 그리고 아이가 자신에 대해 생각하면 에고를 거치지 않고 영신에게 바로 에너지가 흐른다.

에고 야! 너 뭔가 알았다는 얼굴인데, 그래도 아무 쓸모 없을 거야! 왠지 알아? 난 그런 상황에 대비해서 이미 수많은 걸 준비해 뒀거든!

영신 뭔지 알고 그러는 거니?

에고 내가 너에 대해 모르는 게 있을 것 같아? 이거 하나만 말해 주지. 네 행동은 아무짝에도 쓸모 없다는 것을! 만약 아이가 자신에 대해 생각하게 되면 그 반대의 생각들이 자동으로 떠오를 수 있게 이미 구축해 뒀어! 과거 경험을 무시할 수 없도록 말이지!

영신 너는 왜 과거에 집착하지?

에고 무슨 소리야? 과거에 아이가 어떤 경험을 했는지 몰라서 그래? 그 경험들을 떠올려 줘야 실수를 반복하지 않을 거 아냐!

영신 그래, 그것도 맞는 말이야. 그런데 과거 속에 아이를 살게 해선 안 돼. 세상은 성장하게 되어 있어. 과거에 집착하면 퇴행하는 거야.

에고 또 이상한 소리 하고 있네! 자 봐봐! 과거의

모든 경험이 아이를 안전하게 살 수 있도록
만들어 준 거라고! 그렇지?

영신 과연 그게 안전할 걸까? 아이는 지금 이 순간
을 제대로 느끼지 못하고 있는 것 같은데?

에고 지금 이 순간은 필요 없어! 과거의 경험을 토
대로 미래로 가야 한다고!

영신 지금 이 순간이 미래로 이어지는 거야. 과거
는 과거일 뿐이야.

에고 듣기 싫어! 어쨌든 너와 연결되어도 내가 준
비한 대책 때문에 금방 연결이 끊길 거라고.

영신은 스크린을 통해 아이를 보았다. 아이가 스스로 할 수
있다는 생각을 할 때면 에너지가 영신에게로 흐르는 것을
느낄 수 있었지만 아이는 금방 자신이 할 수 있는 일이 아니
라며 생각을 멈췄다. 그것이 에고가 준비한 반대적인 생각인
것 같았다. 자동 반사로 아이가 과거에 집착하게 했다.

영신 아이를 왜 과거에 속박하지?

에고 하! 무슨 말도 안 되는 소리야? 나는 아이가
안전하고 행복하길 원해! 그러니까 과거를
돌이켜 보게 하는 거야!

영신은 말을 이을 수 없었다. 에고도 아이의 행복을 원하고 있을 것이라곤 상상도 못 했다. 그런데 방식이 잘못됐다. 그건 아니었다.

영신 그렇게 해서는 행복해질 수 없어! 행복은 지금 이 순간을 느껴야 해!

에고 야! 아이가 돈도 없고 취직도 못 하는 상황에서 무슨 행복을 느낄 수 있겠어? 말도 안 되는 소리를 계속하네, 진짜?

영신 에고야. 아이가 못 가진 것 말고 이미 가진 것들에 집중해 봐. 이미 많이 가졌어. 거기서 행복을 느껴야 해!

에고 지금 가진 것들? 엄마? 형? 친구들? 컴퓨터? 내 방? 이런 것들이 돈을 만들지는 못하잖아! 그런 게 취직에 도움이 돼?

영신 돈과 취직이 전부가 아냐! 어차피 세상은 성장하게끔 되어 있는 법칙에 따라 움직여. 아이도 예외가 아냐! 다만 아이가 과거에서 벗어나야 그 흐름에 탈 수 있어! 그러려면 지금 이 순간 가진 것에 집중하고 감사하는 마음을 가져야 해!

에고 돈이 있고 취직을 하면 뭔들 못 하냐? 지금은 이게 아이에게 가장 중요하다고! 너는 지금껏 아이를 그냥 지켜만 봤잖아! 아이는 내가 훨씬 잘 알아! 항상 함께했다고! 아이에게 돈이 생기면 아빠 없이 키워 준 엄마에게 힘이 될 거고, 힘들게 살고 있는 형에게도 도움이 될 거야. 그리고 어려운 이웃도 도울 거라고!

영신 도움은 돈이 없어도 지금 할 수 있어. 엄마와 형에게 따뜻한 말을 하거나 웃음을 주는 식으로 말이야. 세상에 힘든 사람들을 돕는 것도 마찬가지야. 지금 아이가 저축할 수 있는 돈의 1/100로도 할 수 있어. 지금 당장 모든 걸 할 수 있다고! 아이 안에서 사랑을 느끼는 것이 더 중요해!

에고 돈이 없어서 웃음도 안 나오는데 무슨 말을 하는 거야? 여유도 사치야! 그리고 사랑? 웃기지 마! 사랑이 밥 먹여 주니?

영신은 에고가 지금은 바뀌지 않을 거라 생각했다. 그렇게 아이는 어느덧 중년이 되어가고 있었다.

죽음은 끝이 아니다

저승사자　여기가 어디인지 알 것 같으냐?

해직은 주위를 둘러보면서 말했다.

해직　아뇨, 전혀 모르겠는데요. 여기가 어딘데요?
저승사자　조금 있으면 알게 될 거다.

순간 하늘이 무너질 듯한 굉음이 울렸다.

저승사자　시간이 됐군.

저승사자와 해직은 소리가 난 곳으로 나르듯 빠르게 이동했다. 해직은 마치 슈퍼맨이 된 것 같아 즐거웠다. 그러나 도착지를 파악하자 얼굴이 어두워졌다. 해직의 길지 않은 인생에서 가장 큰 사건이 일어난 곳이었다.

> **저승사자** 저 무너진 건물이 보이느냐? 삼풍 백화점
> 이다. 너희 인간의 시간대로 말하면 지금은
> 1995년이다. 몇몇 사람들이 자신만의 이득을
> 챙긴 대가로 수백 명이 사망한 사건이지. 너
> 는 티브이로만 봤지?

해직은 대답할 수 없었다. 해직이 중학교 1학년일 때였다. 학
교에서 돌아온 해직은 무거운 집안 분위기를 감지했다. 엄마
와 할머니, 할아버지는 계속 뉴스만 보고 있었다. 엄마는 해
직에게 뉴스를 잘 보고 있으라고 하고 어딜 좀 다녀오겠다
고 했다. 혹시라도 아빠의 이름이 뉴스에 나오는지 보라는
거였다. 해직의 몸은 두려움에 경직될 뻔했지만 그럴 리 없
다고, 아빠는 생존자 명단에 있을 거라고 굳게 믿었다. 그러
고는 뉴스를 보다가 잠이 들었는데 할머니의 통곡 소리에
깼다. 깨자마자 알 수 있었다. 사망자 명단에 아빠가 있었다.
뒷수습을 위해 엄마와 할머니, 할아버지, 형이 병원으로 갔
고 해직은 어리다는 이유로 집에 있었다.

> **해직** 아… 아빠를 볼 수 있나요?

저승사자 볼 수 있다. 보고 싶으냐?

해직 언제나 '한 번만 아빠를 볼 수 있다면…' 하고 생각했어요! 죽으면 하늘에서 만날 수 있겠지 했는데 아빠의 죽음 장면을 보게 될지는 몰랐네요.

저승사자 끔찍해서 후회할 수도 있다. 그래도 보겠느냐?

해직 네, 볼래요. 어리다고 아빠 염 자리에도 참석하지 못했어요. 모두가 대성통곡할 때 저는 막상 아빠의 마지막을 보질 못해서 그런지 와닿지 않았죠. 그 뒤로 2년 동안 아빠가 갑자기 짠하고 집에 오실 거라고 생각했어요!

저승사자 그래, 이 생에서 아버지의 마지막 모습을 보여 주마.

쿵 소리가 한 번 울렸을 때 건물의 절반이 무너졌다. 내부는 전쟁터와 같았다. 너도나도 건물 밖으로 나가기 위해 출구로 몰려들기 시작했다. 해직과 저승사자는 이미 깔려서 죽은 몸들 위로 천천히 날았다. 머리 위로 시멘트 돌들이 떨어졌지만 해직은 피하지 않았다. 해직은 알고 있었다. 이 돌들이 해를 끼칠 수 없다는 것을. 자신을 통과해서 발밑으로 떨어지는 것이 보였다. 해직은 인간일 때의 습관이 당연히 남아 있어야 되지 않을까 하는 의문이 들었지만 지금은 아빠를 찾는 것이 급선무였다. 수많은 시신들과 살고자 하는 사람들이 뒤엉켜 그야말로 아비규환이었다. 해직은 어떤 감정도 떠오르지 않는 것이 이상하던 차에 에스컬레이터 손잡이를 부여잡고 매달려 있는 아빠를 발견했다.

해직 아… 아빠!

아빠는 있는 힘을 다해서 붙들어 잡고 있었고 해직은 그제야 솟구쳐 오르는 감정을 느낄 수 있었다. 자신이 관심을 두는 것만이 감정을 불러일으킬 수 있기 때문이었다.

해직 도울 수 없다는 건 알아요! 그런데 어떻게 좀
       해 볼 수 없어요?
저승사자 우리는 그저 볼 수 있을 뿐이다. 그 외 할 수
       있는 건 아무것도 없다.

아빠는 힘이 점점 빠지고 있었다. 살고자 하는 의지는 강했지만 육체적인 힘이 의지를 담을 수 없었다. 아빠는 아래를 내려다보면서 어디로 떨어져야 다음을 생각할 수 있는지 찾

는 듯했다. 순간 또다시 쿵 소리가 났고 아빠가 잡고 있던 에스컬레이터도 함께 무너져 내렸다. 아빠는 그렇게 아래로 떨어졌다. 해직은 떨어지고 있는 아빠에게서 알 수 없는 에너지가 빠져나오는 것을 느꼈다. 해직은 아빠가 떨어진 장소로 갔다. 아빠는 정신을 잃었지만 살아 있었다.

해직   알 수 없는 에너지가 아빠의 몸에서 빠져나가는 걸 봤어요. 그리고 그것이 두려움인 걸 알았어요. 이런 게 인간에겐 안 보이지만 혼에게는 보이는 건가요?

저승사자   그게 보였다니 놀랍네! 그래, 그는 붙잡고 있던 두려움을 놓았다. 두려움은 더 이상 이곳에 있지 못하니 몸에서 빠져나와 다른 몸에 들어간다. 그가 아직 살아 있는 이유도 두려움이 없기 때문이다. 두려움이 나간 자리에서는 사랑이 샘솟기 마련이니까. 즉 부정이 나가면 그 자리에 긍정이 생긴다.

해직   그게 뭔 소리예요? 부정 에너지가 몸에서 나갔기 때문에 높은 곳에서 떨어져도 살았다는 건가요?

저승사자   그렇다. 만약 그 에너지가 계속 몸에 있었다면

떨어지자마자 죽었을 거다. 두려움의 종착역
은 곧 죽음이거든. 하지만 그는 훌륭하게도 떨
어지는 순간 그 두려움을 모두 놔 버렸다. 그
래서 살아 있다. 내면에 긍정이 샘솟았거든.

해직 그래도 아빠는 돌아가셨어요. 지금은 살아 있
다고 해도 말이죠!

저승사자 그래, 그건 전체 흐름이다. 자신이 정한 쓰임
을 다했기에 받아들인 거다.

해직 점점 알 수 없는 이야기만 계속 하시네요.

저승사자 죽음은 끝이 아니다. 그를 계속 지켜봐라.

아빠는 곧 정신을 차렸고 닥쳐온 고통을 느끼고 있었다. 해
직은 아빠를 지켜볼 수밖에 없어 애통했다. 순간 또다시 쿵
소리가 났고 큰 시멘트 돌이 아빠의 가슴뼈 위로 떨어졌다.
혼이 된 해직은 보이지 않는 것도 모두 볼 수 있었다. 그렇게
아빠는 돌에 압사당해 죽었던 것이다. 해직은 아빠의 죽음을
바로 눈앞에서 지켜보았다. 자신도 죽어서 말이다. 순간 아
빠의 몸에서 연기같은 것이 피어오르더니 빠르게 어딘가로
향했다. 해직은 그 연기를 따라갔다.

그 연기가 도착한 곳은 가족이 살고 있는 아파트였다.
연기는 순식간에 집 곳곳에 퍼지더니 에너지처럼 계속 머물

렀다.

> **저승사자** 야! 너 혼자 막 가 버리면 어쩌자는 거야!
>
> **해직** 아… 죄송합니다. 죽음을 끝까지 지켜보라면 서요! 이 연기를 놓칠 수 없었어요.
>
> **저승사자** 그 연기는 죽기 직전 에너지야. 육체는 쓰임을 다했지만 에너지는 그대로 남아. 그리고 그 에너지에는 매우 순수한 의도, 죽기 직전에 생각한 의도만 남아 있지.
>
> **해직** 그럼 아빠는 죽기 직전에 가족을 생각한 걸까요?
>
> **저승사자** 그렇다고 볼 수 있지.
>
> **해직** 잠깐, 그럼 아빠의 혼은요? 저처럼 있지 않나요? 아빠의 혼이 아직 남아 있나요?
>
> **저승사자** 삼풍 백화점 사건은 너무 많은 사람이 동시에 고인이 됐기 때문에 혼을 바로 심판대로 보냈다. 그래서 에너지만 남아 있다. 네가 보는 것처럼.

저승사자는 타임 랩스처럼 시간을 빠르게 돌려 어릴 적 해직의 모습을 관찰하게 했다. 해직의 주변에는 해직이 가진 에너지가 아닌 다른 에너지가 계속 따라다니는 게 보였다.

> **해직** 저 에너지가 아빠일까요?
>
> **저승사자** 그래. 완전히 '그'라고 말할 순 없지만 그의 일부다.

저승자사는 잠깐 하늘을 멍하게 쳐다보더니 말을 이었다.

> **저승사자** 여기서 죽음에 대해 이야기해 주라고 지시가 내려왔군. 한 번만 말할 테니 잘 들어라.
>
> **해직** 네, 감사합니다. 그런데 목소리가 이젠 엄청 부드러운데요?

순간 저승사자는 짜증이 났지만 말을 이었다.

> **저승사자** 목소리는 금방 적응된다고 말했던 것처럼, 네가 나에 대해 관점을 바꿨기 때문에 그렇게 들리는 거다. 너는 죽음을 목격하면서 잠깐 동질화됐을 수도 있다. 이 부분도 매우 중요하지만 지금은 죽음에 대해 이야기하겠다.
>
> **해직** 아…네. 죄송합니다. 계속 말씀해 주세요, 듣

겠습니다.

저승사자 너희는 죽음이 끝이라 생각하지만 사실 죽음
은 끝이 아니다. 그저 형태가 없어진 것일 뿐
이다. 그리고 새로운 시작이다. 네가 지금 죽
어서 세상을 볼 수 있는 것처럼, 에너지가 되
어 우주적 순환 속에 존재한다. 하지만 그 에
너지는 사람들에게 작용하지 않는다. 그저 우
주의 순환 속에 있을 뿐이다. 예외적으로 작
용할 때가 있는데, 네가 너의 아버지를 생각
할 때 혹은 그에 대해서 말을 할 때 그 에너지
는 더 활성화된다. 그리고 우주의 순환 속에
긍정적이든 부정적이든 그 흐름 속에 더 섞이
게 된다. 그때는 너에게 영향을 끼칠지도 모
른다. 아버지를 향한 생각이 강할수록 영향력
은 커진다.

해직 제 생각이 아버지가 남긴 에너지를 활성화시
킬 수 있다는 거죠? 그런데 그 에너지에 긍정
과 부정은 뭔가요?

저승사자 아버지를 회상하며 즐거움을 느끼면 긍정이
고 슬픔을 느끼면 부정이다. 너의 아버지의
일부인 그 에너지는 너의 생각을 아무 판단

없이 그대로 수용한다. 그리고 우주의 순환 속에 흐름을 탄다. 네가 만약 즐거움을 품으면 기분이 좋아지는 것이 바로 그것이다. 반대로 슬픔을 품으면 기분이 나빠지는 것도 그것이다. 네 선택에 따라 우주의 순환 속 에너지는 너에게 아주 빠르게 그것을 가져온다. 그게 감정이다.

해직 잠깐만요. 죽음에서 갑자기 감정까지 진도가 단번에 나갔어요. 감정은 매우 자연스럽게 내가 느끼는 것 아닌가요? 감정도 내가 선택을 하다니요?

저승사자 네 말이 맞군. 진도가 너무 빠르구나. 감정을 느끼는 것은 네가 아니다. 네가 선택한대로 우주의 순환 속에서 너에게 맞는 에너지가 흘렀을 뿐이다. 그 에너지는 빛보다 빠르다. 그래서 그 선택에 대한 에너지를 느낀 것뿐이다. 감정을 느끼는 것은 네가 아니라는 것만 알고 있으면 된다.

죽음에 대해서 이어 가도록 하지. 죽음은 다시 말하지만 끝이 아니다.

해직 사자 님이 저에게 왔기에 저는 윤회가 있다고 확신했어요. 끝이 아니라는 건 윤회 때문인가요? 동양과 서양의 저승사자 모습이 다른데, 저승사자 님은 동양과 서양을 합쳐 놓은 듯 새로운 모습이에요. 제가 살아 있다면 저승사자는 원래 이런 모습이라고 사람들에게 알려 주고 싶네요.

저승사자 내 모습 또한 네가 만들어 낸 것이지. 이것 또한 진도가 더 나가는 이야기가 되니 윤회에 대해서 말해 주마. 윤회는 있을 수 있다.

해직 네? 있을 수 있다는 건 무슨 말이에요? 있으면 있고 없으면 없는 거지! 있는 거예요, 없는 거예요?

저승사자 나한테 따질 정도로 편해졌구나? 지금 당장 낫으로 몸을 갈라 줄까?

해직 아뇨! 죄송합니다. 죽을죄를 지었어요. 죄송합니다. 아니… 이미 죽었으니 그냥 잘못했어요. 그러지 말아 주세요!

저승사자 그래, 아이처럼 즉각적으로 반응하는구나! 좋다! 윤회가 있을 수 있다고 한 것은 선택이기 때문이다. 윤회하고 싶은 것도, 하고 싶지 않은 것도 선택이다. 부처와 노자는 윤회를 선택하지 않았다. 그러나 대부분의 혼들은 아쉽다며 윤회를 선택한다. 왜 아쉬울까? 체험을 하려고 온 곳에서 자신이 원하는 체험을 하지 못하고 이리저리 질질 끌려다니며 살았기 때문이다. 그러니 한 번 더 살면 자신이 원하는 것을 찾아내고 그걸 이룰 수 있을 거라 생각하지. 그러나 또다시 못 한다. 말하자면 그런 게임을 너희는 계속하고 있다.

해직 왜 그렇게 아쉬워할까요? 저는 죽었다고 듣는 순간 다 내려놓게 되던데요?

저승사자 그게 죽음의 이점이다. 내려놓음을 알게 되는 거지. 그리고 심판대에 올라가서 내려놓음의 경지에 있는 자신과 마주한다. 그럼 99퍼센트 다시 윤회를 선택하지. 저 경지를 이 세상에서 느끼겠다면서.

해직 죽음이 내려놓기에 도움이 된다는 것은 알겠는데, 제가 이미 경지에 오른 상태로도 존재하는 건가요?

저승사자 그건 가 보면 안다. 지금은 그저 그렇다고만 알면 된다.

해직 모든 걸 명확하게 말씀해 주시지 않아서 힘이 듭니다.

저승사자 다만 한 가지 말해 줄 수 있는 건 너희가 생각
하는 것처럼 영혼은 물건처럼 하나둘 셀 수
있는 존재가 아니다. 원소의 전자처럼 여러
곳에 동시에 존재한다. 그러면서 영혼은 다
량의 체험을 동시에 받아들이고 있다. 그리
고 시간의 제약도 받지 않는다. 네가 가진 영
혼의 다른 부분은 훨씬 과거에 혹은 훨씬 미
래에도 있다. 가 보면 모두 알게 된다. 지금은
아직 알 수가 없다. 이해하려고 노력하기 때
문에 이해되지 않을 것이라는 걸 나도 인간이
었기에 안다. 그러니 그냥 그런 줄로만 알아
라. 아직은 때가 아니다.

해직 에이…

저승사자 낫으로 갈라 줄까?

해직 아… 아니요! 저 웃고 있잖아요! 웃는 얼굴을
반으로 가르시게요?!?

해직을 살짝 노려보던 저승사자는 갑자기 시간이 멈춘 듯이
동작을 멈추었다. 뭔가 지령이 내려진 것 같았다.

저승사자 귀찮지만 어쩔 수 없군. 넌 나와 많은 걸 보러 다녀야 한다. 준비할 것은 없다. 그저 보면 된다. 가자!

해직 어… 어디로…요?

저승사자는 낫을 치켜들다 갑자기 쓰러졌다.

해직 사자 님! 괜찮은 거예요? 사자 님!

4부

해직과 영신

중년이 된 아이

해직 '친구들은 하나둘씩 결혼을 하는데 나만 못하고 있구나… 결혼할 기회가 있었는데 엄마 때문에 놓쳤지… 엄마는 대체 왜 그러는 거지? 완전히 내 인생의 걸림돌이야!'

취직을 위해 노력하던 해직은 당시 사귀었던 여자 친구의 조언으로 작은 회사에 들어가 첫 직장 생활을 시작했다. 그리고 거기서 새로운 것들을 접하면서 열정을 키웠다.

에고 보라고! 내가 이렇게 아이를 올바른 방향으로 이끌었어.

영신 저 열정은 잘못됐어! 분리된 상태에서의 열정은 화를 당하게 돼!

에고 야! 넌 대체 왜 모든 것을 부정하는 거야?

영신 부정하는 게 아니야! 너는 세상의 흐름을 모르고 아이를 내던지고 있는 거야!

예고 매번 세상의 흐름 어쩌고 하는데, 그걸 난 본 적이 없어! 설마 내가 상대방에게 친절하게 대하면 내게도 좋은 일이 생긴다는 그런 얼빠진 소릴 하는 거니?

영신 얼빠진 소리가 아니고 세상이 그렇게 흘러간다고!

예고 너도 알겠지만, 나도 아이와 시도한 적이 있지. 하지만 당연히 받아 처먹기만 하는 인간들에게 이용당할 뿐이었지! 나에게 이득으로 돌아온 것은 아무것도 없었어!

영신 처음부터 받을 생각으로 베풀면 세상의 흐름에 올라탈 수 없어! 인정받을 생각, 우월하다는 생각은 아이에게 위험해! 너는 항상 인정받고 싶어 하고 남들보다 우월하고 싶어 하지! 그러나 그러지 않아도 흐름에 내맡기면 알아서 되는 거라고!

예고 아니 너 참 이상한 말을 계속한다? 자 봐봐! 보이지 않는 흐름이 있다고 치자! 그럼 그 흐름에 나를 내맡기면 나는 뭔데? 나는 없어지잖아!

영신 나는 중요치 않아! 세상은 전체로 이루어져 있어! 그 나라는 생각이 분리를 해서 힘이 드는 거라고!

에고 아… 진짜 너와는 대화가 안돼. 전혀 알 수 없는 소리만 연거푸 하고 있어. 거기다 증명도 못 해. 그런데 내가 어떻게 믿을 수 있을까? 그냥 있다고만 하면?

영신은 순간 깨달았다. 이 시대는 증거가 없으면 당연한 것도 못 믿는다는 것을. 눈에 보이는 것만 믿을 수 있는 시대였다. 영신은 생각하기 시작했다. 에고에게 그리고 해직에게 증거를 보여 줘야 했다.

해직 엄마! 내가 처음 결혼하려 했을 때 엄마 고집 때문에 내가 포기한 거 알고 있지? 지금 만나는 친구, 놓치면 다시는 결혼 못 할지도 몰라. 지금 내 나이도 그렇고!

그렇게 해직은 새롭게 만난 연인과 결혼하는 데 성공했지만 5년만에 이혼하고 말았다. 해직은 몹시 고통스러운 날들을 보내고 있었다. 그 고통 속에서 해직은 환경이 자신을 이렇게 만들었다고 생각했다. 그래서 환경을 바꾸기로 마음먹었다. 해직은 자기계발과 명상을 시작했다. 처음 명상을 할 때는 밀려오는 잡생각이 방해했지만 계속하니 원하는 생각만 할 수 있게 되었다. 간절히 원하면 된다는 자기계발서의 말을 굳게 믿었다.

> **영신** '해직이 명상을 시작하면서 나에게 들어오는 에너지가 더 커지긴 했지만… 아직도 외부만 보고 있어… 하지만 이 에너지면 꿈에 개입할 수 있을 거야!'

해직은 명상을 하면서 항상 이렇게 되뇌었다.

> **해직** '월 6,000만 원 이상의 연봉을 가진 회사원이 된다. 누가 봐도 예쁜 여자로부터 사랑받는다. 가슴도 크면 좋겠지. 전처와는 달리 헌신적이었으면 좋겠어.'

영신은 말없이 해직의 생각을 보고 있었다. 갑자기 에고가 소리쳤다.

에고 그래, 그렇게 생각해야 한다고! 전처는 진짜 못된 여자였어! 그리고 넌 더 많은 돈을 벌 수 있을 거야! 잘하고 있어!

영신 넌 참… 지금까지 잘못된 선택을 한 것에 대해서는 생각하지 않고 외부 탓으로만 돌리는구나…

에고 뭐? 내가 잘못한 게 뭔데? 전처가 이기적인 사람인 줄 내가 알았나?

영신 남 탓, 환경 탓은 아무 문제도 해결할 수 없어!

에고 탓을 하는 게 아니라 그들이 잘못된 거라고!

영신은 더 이상 말을 잇지 않았다. 에고의 눈에는 보이지 않는 영신에게 흘러 들어오는 에너지가 기록적으로 커지고 있었다. 에고에 의해 외부로 시선을 돌리긴 했지만 눈을 감고 과거를 돌아보는 동안 영신과 맞닿는 에너지가 더 커지고 있기도 했다. 영신은 에너지가 조금 더 커지면 꿈을 통해 더 선명하고 길게 해직에게 나타날 수 있음을 직감했다.

원하는 것을 명상 중에 떠올리면 항상 통한다. 세상에 흐르는 에너지에 자기 에너지를 강하게 태울 수 있기 때문이다. 하지만 그 에너지만큼 반대 에너지도 생겨난다. 그래서 영신이 살던 시대에서는 흐름을 더 중시했다. 흐름 자체가 인간을 성장시키기에 원하는 것을 특별히 갈구할 일이 없었다. 하지만 이 시대는 아니다. 흐름은 있지만 흐름에 연결되어 있는 사람은 극히 드물다. 원하는 것을 강하게 갈구하는 사람이 가끔씩 흐름에 연결되기도 하지만 반대 에너지로 인해 힘겨워지곤 한다.

해직은 결국 원하던 연봉에 누가 봐도 예쁜 여자와의 결혼 약속을 얻었다. 영신이 보기에 해직은 안타깝게도 외부 환경을 바꾸는 일에만 치중해 있었다.

> **영신** '그래도… 많이 발전했어… 다행이야… 내면
> 을 좀 더 들여다보기 시작하면 좋을 텐데…'

해직이 중년이 되자 에고는 자기 것을 더 만들기 위한 시도를 줄인 것처럼 보였다. 에고도 해직의 행복을 바란다고 했다. 영신은 이를 기억하고 있었다.

> **영신** 에고야, 너 아직도 해직의 행복을 바라고 있
> 니?
> **에고** 당연하지! 쟤가 행복해야 나도 행복하다고!
> **영신** 그래, 그렇지… 아이도 중년이 되었어. 아이

에게 많은 일이 있었지만 그래도 너무 나쁜
길로 빠지진 않아서 다행이야.

에고 넌 내가 아이를 나쁜 길로 인도하는 것처럼
이야기하곤 했지. 알 수 없는 말을 하면서 말
이야. 그런데 모두 경험이 되는 거였어. 그걸
부정할 순 없겠지?

영신 그래, 네 말도 맞아. 경험, 중요하지.

에고 이제야 나를 인정하는군! 40년 동안 넌 날 인
정하지 않았지…

영신 아… 그랬구나… 내가 너무 내 지식을 너에게
강요했구나… 미안하다… 그리고 고마워…

에고는 캡슐 근처로 가서 캡슐을 더듬거렸다.

영신 에고야, 뭐 해?

순간 캡슐이 없어졌다. 영신은 캡슐 안에서 해방되었다.

영신 갑자기 왜…?

에고 네가 날 인정했잖아. 난 항상 너의 인정만을
원했어. 그래서 이제 마음이 풀려.

영신 아… 고마워…

에고 그런 소리 하지 말고 해직이 더 행복하게 살 길을 고민하라고. 이상한 소리 좀 하지 마. 에너지라느니 세상의 흐름이라느니. 그런 거 눈에 보이지도 않는다고!

영신은 크게 웃으며 말했다.

영신 하하하하하! 그래. 알겠어, 알겠어~

한편 해직은 연봉을 더 올려 간 회사에서 6개월만에 해고를 당한다.

에고 아니! 이게 말이 돼? 내가 주변 사람들 이야기 다 들어주면서 얼마나 참았는지 알아?

영신 어차피 인생은 우상향이야. 예전에 잠시 했던 주식 기억나지? 만약 그때 주식을 팔지 않았다면 더 많은 돈을 벌 수 있었겠지… 이것처럼 인생도 마찬가지야.

에고 그게 말이 되니? 돌이켜 보면 나쁜 일 다음엔 항상 좋은 일들이 생기곤 했지… 그건 알겠지만 우상향이라니?

영신 해직의 10년 전을 생각해 봐. 그리고 20년 전
도. 그때와 지금이 얼마나 다른지.

에고 그러네… 20년 전엔 취직도 못 하고 있었고,
10년 전엔 쥐꼬리만큼 벌고 있었어! 하지만
지금은 수입이 0원이 되었어!

영신 나쁜 일이 생기는 만큼 좋은 일이 생길 거라
는 걸 너도 이제는 알지? 지금 이 순간에 할
수 있는 걸 찾는 게 해직에게 도움이 될 거야.

에고는 말없이 스크린을 쳐다보았다. 해직은 의자에 앉아서
꼬박 여섯 시간 동안 움직이지 않고 계속 생각했다. 해직의
인생 어느 때보다도 많은 에너지가 내면으로 흘러 들어왔
다. 영신은 에너지에 대고 속삭였다.

영신 인생은 어차피 우상향이야. 이건 잠깐이야.
넌 어차피 잘되게 되어 있어.

영신의 말이 해직에게 갔는지 해직은 일어나 움직이기 시작
했다. 지금 당장 할 수 있는 걸 찾기 시작했다. 그리고 앞으로
의 계획을 세웠다. 해직은 명상을 시작했다. 명상할 때는 영

신만 볼 수 있는 에너지가 내부로 크게 들어왔다. 영신은 이 에너지로 해직의 꿈에 들어가 훨씬 상세하게 말해 줄 수 있을 것 같았다. 영신은 그 에너지와 본인의 에너지를 일치시켰다. 드디어 해직과 첫 대면이었다.

"최해직은 일어나라."

영신 '이 에너지를 통해 에고를 건너뛰고 해직에게 직접 닿았어. 아이에게 제대로 알려 주려면 사후 세계라는 설정이 좋겠지. 언제 연결이 끊길지 모르니까.'

해직 뭐야 당신, 여기는 어떻게 들어온 거야?
악! 목소리 너무 기괴한데요? 이미 죽었는데 왜 고통을 줍니까?

영신 '목소리는 내가 설정한 것이 아닌데… 아이의 생각에 따라 정해지는구나… 같이 있다 보면 부드럽게 들리게 되겠지.'
이런 XXX! 다 말해 줄 수도 없고… 적응될 테니 일단 가자!

해직 어디로 가나요? 저는 천국행인가요, 지옥행인가요? 저승사자가 있다는 건 신도 있다는 거네요? 그 신은 누구인가요? 설마 외계인은 아니죠?

영신 '아이가 원래 이렇게 질문이 많았던가? 적당히 상황을 만들어 연기하면서 알려 주자.'

아… 내가 왜 이런 자식을 맡게 된 거지… 조용히 해! 낫으로 반 갈라 버리기 전에!

'푸흡! 어설퍼 보였으려나…?'

서기 3172년 지구, 게임장

구조대 다행이네요! 원로들이 여기로 가서 진석 님을 찾으라고 했어요. 다행히 부상은 심하지 않아요. 금방 치료할 수 있어요.

진석 아직 사람이 여기 있어요.

구조대 네, 그 사람도 함께 구출할 겁니다. 걱정하지 마시고 구조대를 따라 나가 치료부터 받으세요.

진석 네, 고맙습니다. 하지만 제가 가야 해요. 게임을 꺼야 하거든요. 제가 하지 않으면 그 사람에게 안 좋은 영향을 끼칠지 몰라요.

구조대 그 몸으로 괜찮으시겠어요?

진석 어쩔 수 없죠. 저를 믿고 계시는 분을 배신할 순 없어요!

진석은 구조대의 부축을 받으며 영신이 있는 곳으로 갔다.
진석은 영신의 게임을 강제 종료했다.

진석 영신 님, 괜찮으세요?

영신 …아… 이건… 무슨 일이죠…? 해직을 봐야 하
는데… 알려 줘야 할 것이 많은데…

진석 게임을 중간에 종료시켰어요. 지금 금성인들
이 지구로 미사일을 날리고 있어요!

구조대 이분은 상태가 괜찮으신 것 같네요! 얼른 나
가죠! 또 무너지기 전에요!

영신은 아직 게임 속인가 싶은 비몽사몽 상태로 구조대와
함께 게임장을 벗어났다.

영신 제가 얼마나 있었죠?

진석 40분쯤 됐어요. 게임 속에서는 시간이 굉장
히 길게 느껴지셨죠? 지금은 게임이 아니라
현실입니다. 우리가 사는 세계예요.

영신 금성인들이 미사일을 날리다니… 그것참…

게임하는 동안 무서운 일이 벌어졌군요…

구조대 진석 님은 빨리 치료를 받으시고 원로들에게
가야 합니다.

진석 네, 알겠어요. 영신 님 얼른 몸을 피하세요!

영신은 이 상황이 아직 어리둥절했지만 미사일이 지나간 자
리에 부서진 잔해들을 보고 몸을 움직여야겠다고 생각했다.

영신 '해직에게 알려 줄 것이 많았는데… 아쉽네…
그래도 에고에 대해 정말 많이 알게 됐어. 선
조들은 그래서 전쟁을 했구나… 아니, 그런데
금성인들은 대체 왜…? 아! 그들은 에고가 강
해! 그래서 그렇구나! 알 것 같아!'

서기 3172년 지구, 원로 회의실

원로1 오! 모시고 왔는가? 우리가 정말 급하네. 당
신이 지구상에서 에고에 대해 가장 많이 아는
사람일 걸세. 금성인들에게 가서 대화를 시도
해 주게. 전쟁을 멈춰 달라고.

진석 저는 에고에 대해 잘 모릅니다. 에고가 생기는 느낌이 들면 감정상쇄기를 사용했으니 여러분과 마찬가지입니다. 다만…

원로 2 다만 뭔가? 우린 정말 급박하네! 여기가 모두 초토화되고 금성인들이 점령하면 우리 모두 근원으로 돌아가게 되네. 신이 없는 이 세상은 예전으로 돌아갈 걸세!

진석 저는 잘 모르지만 아마 게임을 막 끝낸 사람이라면 잘 알지 않을까 싶어서요. 만약 그가 감정상쇄기를 사용하지 않았다면요.

원로 1 그게 누군가? 여기로 데려와 줄 순 없겠나? 지구인이라면 내가 찾을 수 있지. 자네를 찾을 때까지만 해도 그를 볼 수 없었는데…

진석 아마 그건 게임을 하고 있어서 연결이 안 됐을 겁니다.

원로 1 지구에서도 내가 모르는 일이 있었군…

원로는 진석을 찾은 것처럼 에고가 강한 지구인을 찾기 시작했다. 진석을 찾을 때와는 달리 여러 사람이 느껴졌다. 게임을 끝내고 집으로 돌아간 사람들이었다. 하지만 그중에서 유독 강력하게 느껴지는 사람이 있었다. 원로는 사람을 보내

그를 데려오게 했다.

서기 3172년 지구, 영신의 집

집에 온 영신은 생각에 잠겼다.

> **영신** 꿈을 통해 해직에게 다가갈 수 있다는 걸 빨리 알았더라면… 더 많은 걸 알려 줄 수 있었을 텐데…

갑자기 문밖에서 인기척이 들렸다.

> **비서** 원로회가 보내서 왔습니다. 안에 계신가요?
> **영신** 네? 원로회가 저를요?

영신과 비서는 원로가 있는 곳으로 곧장 몸을 옮겼다.

원로 1 그런데 그 게임이란 뭔가?

진석 그 게임은 옛날 선조들이 에고가 강했을 때 살아가던 방식을 보여 주는 시뮬레이션 게임입니다. 그 시기의 사람 중 한 명에게 들어가 인생 전부를 볼 수 있죠.

원로 1 그렇군! 그래서 자네가 에고에 대해 알고 있는 느낌이 들었던 거군. 방금 사람은 굉장히 강하게 들었네. 우리가 모르는 에고에 대해 많이 알고 있는 느낌이었어.

진석 네, 맞습니다. 게임 속에선 에고를 겪으며 배울 수도 있죠. 하지만 보통은 그저 바라보기만 합니다. 에고의 존재가 게임에 나오진 않아요.

영신 아니던데요? 저는 에고에 갇혀 있었어요!

영신이 들어오며 말했다. 진석은 놀라며 답하려 했지만 원로가 먼저 말을 하는 바람에 가만히 있을 수밖에 없었다.

원로 1 오 자네로군! 혹시 게임이 끝난 후 감정상쇄기를 사용했나?

영신 아뇨… 아직이요… 이 느낌이 좋아서요…

원로1 우리는 하나여서 상대방이 뭘 느끼는지 바로 알 수 있지. 자네는 확실히 모든 지구인들 중에 에고에 대해 가장 많이 아는 사람으로 보이네. 다른 사람에겐 없는 무언가가 강하게 느껴지는군!

영신 아… 실례를 범해서 죄송합니다. 제 에너지가 원로님을…

원로1 아닐세! 지금은 그것이 우리를 구할 것 같네!

영신 네? 무슨 말씀이신지…

원로1 우리는 에고의 존재를 알게 된 뒤 에고를 없애고 신이 되는 데에만 주력해 왔어. 그러나 금성인들은 오히려 에고를 키우는 데 몰두한 것 같네… 그래서 이런 전쟁이 일어났다고 생각하네… 우리는 없애는 데 주력하는 게 아니라 이해를 했어야 하지 않았을까…

영신 …

원로1 자네가 지구인들 중에 에고에 대해 가장 많이 아는 사람일 걸세. 그럼 금성인들과 가장 대화가 잘 통하는 사람도 자네일 테지. 금성인과 대화를 해 줄 수 없겠나…?

영신 네!? 아무리 제가 안다고 해도… 제가 하는 게 맞는… 아… 아니 그런 중대한 일을 제가 할 수 있… 아… 아니 저는…

원로 1 부탁일세… 자네밖에 없네!

서기 2024년 지구

해직 사자 님! 사자 님!

윤저 자기야! 왜 그래? 일어나 봐!

해직은 윤저의 목소리를 듣고 눈을 떴다. 주변을 보니 침대 위였고 옆에는 여자 친구가 안쓰럽게 바라보고 있었다. 해직은 벌떡 몸을 일으키고 손으로 몸을 훑다가 윤저를 보았다. 그리고 와락 안았다.

윤저 왜 그래? 나쁜 꿈을 꿨어?

해직 아니… 흑흑… 정말 좋은 꿈이었어… 내가 정말로 미안하고 고마워…

윤저 대체 어떤 꿈을 꾼 거야…

윤저는 해직을 토닥였고 좀 진정이 된 해직은 저승사자와의 꿈을 잊기 전에 기록하기 시작했다.

> **해직** 그래, 사자 님이 가르쳐 준 대로 인생을 살아 보자. 웬만한 자기계발서보다 훨씬 값진 경험 이었어. 그게 꿈이어도 상관없어. 분명 그건 나에게 온 신호일 거야!

해직은 펜을 잡고 저승사자가 가르쳐 준 것을 하나씩 적기 시작했다.

> **해직** 나의 상태를 점검해 보고 지금의 상황에서 벗 어날 수 있는, 지금 이 순간 할 수 있는 걸 하 자. 먼저 가지고 있는 것에 감사하자. 가지고 있지 않은 것에 집착할 필요 없어! 나는 지금 이 순간부터 변할 수 있어! 미래는 내가 지금 만들어 가는 거야! 하나씩 조금씩 쌓아 나가 자! 빅뱅은 먼지부터였다고!
> 무엇보다 난 복권에 당첨되는 생각을 배웠단 말이지! 흐흐흐… 아! 그 전에 내 마음그릇부 터 실험해 봐야겠구나? 그럼 내 마음에게 요

청을 해 봐야지! 윤저와 결혼하기 위해서 필요한 돈, 그것을 요청해 보자! 나는 지금 당장 천만 원이 필요해! 내가 그것을 가질 수 있는지 48시간 안에 신호를 줘.

3분 뒤 모르는 번호로 전화가 왔다. 해직은 모르는 번호는 받지 않지만 내면의 신이 보낸 신호일지 모른다는 생각에 전화를 받았다.

전화 속 목소리 해직 사장님 안녕하세요. 예전에 전화드렸던 세인트빌인데요.

해직 네? 세인트빌이요? 음… 제가 핸드폰을 바꾸면서 전화번호가 날아가서요. 어디시라고요?

전화 속 목소리 음… 제가 곧 다시 전화드릴게요!

전화는 끊겼고 3분 뒤 다시 울렸다.

"아니, 왜 세인트빌을 몰라요!? 실망이에요!!"

해직은 목소리를 듣고 알고 지내던 회사 대표임을 알아차렸다.

해직 아! 대표님, 그게 그거였던 거예요? 네네, 알겠습니다. 지금부터 잘 기억할게요.

해직의 통장에는 컨설팅 계약금 300만 원이 바로 입금되었
다. 해직은 이를 완벽한 신호로 봤다. 이후 세인트빌 대표와
몇 번 더 미팅을 가진 뒤 규모는 확장되었다. 당초 3천만 원
짜리였던 계약이 6천만 원이 되었다.

> **해직** 와! 진짜였어! 이게 신호이자 확실한 증거네!
> 천만 원을 요청하니 3천만 원으로 왔어! 내가
> 지금 할 수 있는 일을 확장시키는 것이 바로
> 이거구나! 성장의 법칙과 내 마음그릇! 사자
> 님 감사합니다! 일단 제 마음그릇은 1억 정도
> 는 되겠네요!!!!

해직은 계속해서 마음그릇 확인을 시도했다.

> **해직** '사자 님의 말씀대로라면 자기 마음그릇보다
> 넘치는 걸 요구했을 때 분명 뒤틀린다고 했
> 지… 요청하고 잘 지켜보자.'

해직은 마음에 10억을 요청하고 잠이 들었다.

서기 3172년 지구와 금성 사이, 우주 정거장

원진 지구 대표 치고는 좀 다르게 보이는군. 신이라는 우쭐함은 없어 보이지만 어차피 너희 지구놈들은 다 똑같지.

영신 지구 대표로 온 영신입니다. 금성 지도자 원진 님이시죠?

원진 그래, 내가 원진이다. 그 어떤 말을 해도 지구놈들과 타협하지 않는다!

영신 네, 잘 알고 있습니다.

원진 잘 알고 있다고? 그럼 뭐 하러 여기 왔지? 공격을 멈춰 달라고 요구하러 온 것 아닌가?

영신 전쟁은 멈출 수 없다고 생각합니다. 다만 줄일 수는 있겠죠.

원진 전쟁을 줄이다니 무슨 소리지?

영신 피해를 줄일 수 있다는 겁니다. 저는 금성인들이 어떻게 생활하고 있었는지 전혀 몰랐습니다. 이점에 대해 모든 지구인을 대표하여 사죄를 드립니다.

원진 사과를 하기엔 너무 늦은 것 같은데…?

영신 사과할 건 해야죠.

원진 …

원진은 말없이 영신을 지켜보았다.

영신은 에고와의 일을 떠올리고 있었다. 그리고 원진의 침묵을 깨지 않았다. 그렇게 둘은 말없이 서로를 보기만 했다. 주변이 웅성웅성하자 원진이 먼저 침묵을 깼다.

원진 지구인들이 원하는 것이 뭐지?

영신 공격을 멈추고 돌아가라는 요구는 들으셨을 겁니다. 멈출 생각이 없으신 것도 이해합니다.

원진 너희 지구인들은 이길 근거도 하나 없이 금성인을 멸시하지. 이제 우리들이 무슨 생각을 하는지 보질 못하니 미칠 노릇이겠지.

영신 저는 알고 있습니다.

원진 뭐라고? 우리는 너희와의 연결을 모두 끊었다. 그럴 리 없어!

영신 우리는 신이기도 하지만 인간이기도 합니다. 인간의 방식으로도 상대방이 무슨 생각을 하는지 알 수 있죠.

원진 흠… 그 말이었나…? 너희 지구인들은 인간적인 방법은 아예 생각조차 못 하고 있는 것 같

던데… 읽히지 않으니 두려워서 감정상쇄기
를 연거푸 돌리는 놈들만 왔었다.

영신 두려움 속에서 에고가 생겨나죠… 그들은 그
존재가 익숙치 않을 겁니다.

원진 자네… 금성인인가…?

영신 우리는 본래 다 같은 인간이자 지구인이죠.
굳이 따지자면 저는 지구인입니다.

원진 지구인과 화법이 완전히 다른데? 마치 금성
인 같군. 어떻게 지구에서 살았나?

영신 바로 그것입니다. 우리는 함께 살 수 있어요.
에고의 존재 유무를 떠나서 말이죠. 신과 인
간이 동등하게 섞여 사는 시대를 우리가 만들
수 있습니다.

원진 말도 안 되는 소리를 하는군? 너희 지구인들
이 과연 할 수 있을까?

영신 물론 처음부터 바꾸긴 힘들 겁니다. 우리가
그 시대를 여는 포문이 될 수 있죠. 미래는 지
금 이 순간부터 시작이니까요.

원진은 새로운 제안이 말도 안 된다고 생각하면서도 그 모
습을 상상하고 있었다. 그리고 그 시대를 여는 자신을 마치

영웅처럼 느꼈다. 영신은 원진의 에고가 우월감으로 동일화를 시키려하는 것을 알아차렸다. 아마도 그가 느끼는 우월감은 다른 무엇보다 셀 것이다. 신보다 더 위대한 인간으로 보일 수 있기 때문이다.

> **영신** 미래에는 그 시대를 연 사람을 계속 기억할 수 있게 해야겠죠. 금성 지도자인 원진 님의 모습을 한 동상을 세웁시다. 그럼 사람들은 신도 하지 못한 일을 인간이 했다는 사실을 잊지 못할 겁니다.

원진은 쉽게 말을 꺼내지 못했다. 자신을 믿고 따라온 수많은 금성인과 친구들이 떠올랐다.

> **원진** 오늘은 여기까지 하지.

영신은 원진의 반응에 확신을 품고 지구로 돌아왔다.

지구, 원로 회의실

원로1 어떻게 되었나? 돌아간다고 하는가?

영신 아닙니다. 같이 살기를 권했습니다.

원로1 뭐라고? 왜 그랬나? 에고가 강한 자들과 공생
은 힘들지 않은가? 그래서 200년 전부터 금
성으로 보냈는데. 다시 같이 살다니?

영신 원로님… 에고가 없어서 신이 되고 에고가 있
다고 인간이 되는 게 아니라는 걸 알고 계시
지 않습니까? 우리는 신이면서 인간이고 엄
밀히 말하자면 신의 조각인 셈입니다. 금성인
들도 신의 조각이고요. 그들과 우리를 분리하
는 것부터 신이 아닌 인간의 방식입니다. 지
구에 사는 모든 신들도 에고가 많이 자라지
않았을 뿐 금성인들과 같은 인간입니다. 우리
는 같은 인간입니다.

원로는 말을 잇지 못했다. 그도 알고 있었다. 금성 강제 이주
는 에고적인 분리에 해당한다는 걸. 원로는 고민에 빠졌고,
고민하고 있는 모습에서 자신의 인간성을 느꼈다. 이제 그들
은 선택을 해야 할 것이다.

서기 2024년 지구, 해직의 집

해직 10억 요청에 대한 반응을 찾을 수 없었어. 내 관찰이 부족했던 걸까…

윤저 자기야! 이걸 왜 또 이렇게 해 놓은 거야?

순간 해직은 반복되는 일상의 잔소리를 감지하고 신경이 날카로워졌다.

해직 또 뭐!?

윤저 설거지통에 넣을 때는 뚜껑을 닫지 말라고 했잖아!

해직 아니 뚜껑이 뭐가 중요하다고 아침부터 성질을 내!

윤저 이게 그렇게 어려워? 매번 말하는데 안 하니까 성질이 나지!

해직 그러는 너는 음식 쓰레기가 다 차도 버릴 줄 모르잖아!! 앗!

해직은 순간 이것이 신호라고 느꼈다. 나의 마음그릇이 10억이 되지 않으니 10억의 마음그릇을 만들어 주기 위한 상황을 제시했음을 바로 느꼈다. 하지만 이미 뱉어 버린 말을 어떻게 주워 담을 수 있을지 몰랐다. 그런 상태도 에고의 작동 방식이라는 걸 느끼면서도.

> **윤저** 치사하게 나올래?
>
> **해직** 미안해. 내가 심했어. 내가 좀 더 신경 쓸게. 미안해.
>
> **윤저** 됐어! 실컷 화내 놓고 이제 와서 사과하면 다야?

해직은 용기를 내서 사과했는데도 받아 주지 않자 정말로 화가 났다. 하지만 이것도 에고의 작동 방식이라는 걸, 그리고 동시에 마음그릇을 넓힐 기회를 우주가 줬다는 걸 알고 있었다. 이제 해직은 선택만 잘하면 된다. 과거의 방식대로 그대로 살지, 지금 이 순간을 바꿔 가능성이 풍부한 미래를 살지.

　세상은 인간에게 기회를 계속 줄 것이다. 단, 같은 모양으로 주지 않는다. 지금 해직에게 깨달음을 준 설거지따위가 아닌, 죽음에 이르는 고통과 시련을 동반할지도 모른다. 주변에서 일어나는 반복되는 현상을 잘 관찰해야 한다. 그것은 모두 얼굴을 바꾼 기회이다. 그 기회가 왔을 때 선택을 잘해야 한다. 과거 속에 붙잡힌 내가 선택하던 것이 아니라 지금 이 순간을 위해 선택하는 나로 살아야 한다.

그리고 마음그릇을 키워야 한다. 감정이 뒤틀릴 때가 마음그릇을 키울 기회임을 알아야 한다. 그 기회는 조금씩 다르게 온다. 그 반복을 알아차려야 한다. 그리고 그 반복을 끊을 수 있는 유일한 사람은 자신이라는 것 또한 알아야 한다.

마음그릇이 커지면 알게 될 것이다. 나 자신만이 아니라 가족과 친구, 이웃의 건강과 행복도 나의 행복임을. 나만의 여유가 아니라 주변의 여유로움도 찾을 수 있는 사람이 되는 법을.

맺음말

2023년 6월, 해고를 당하고 어떻게 살아야 할까 막막했지만 직장인으로 돌아가기는 싫었습니다. 내 인생에서 중요한 변곡점을 맞이했다는 생각이 들었어요.

그래도 해고는 적잖은 충격이었습니다. 1억 연봉자가 머지않았다고 생각했거든요. 하루아침에 해고를 당하고서 집으로 돌아오던 그날을 잊을 수 없습니다.

기분이 축 처져 집에 있는데 회사에서 전화가 왔습니다. 대표의 면담 요청이었습니다.

해고해 놓고는 왜 또 보자는 걸까?

내용은 부서 이동 제안이었고 그 부서는 평소 관심은 있었지만 경험이 없는 곳이었죠.

의자에 앉아서 생각했습니다. 지나고 보니, 꿈쩍 않고 앉아 여섯 시간이나 고민했더라고요.

그때 내린 결론이 '지금이 인생의 변곡점'이라는 생각

이었습니다. 그리고 인생은 어차피 우상향이라는 생각이 강하게 들었습니다. 만약 지금 나의 인생 그래프가 아래로 꺾인 거라면 반드시 다시 상향 곡선을 더 가파르게 그릴 거라고 생각했어요.

그래, 한번 해 보자!

결혼을 약속한 윤저에게 상황을 설명하고 버틸 수 있는 기간은 6개월임을 밝혔습니다. 만약 6개월 동안 아무것도 되지 않으면 이력서를 쓸 생각이었습니다.

"영신 씨가 하고 싶은 걸 해. 나도 그 회사는 별로였어! 매일 7시까지 들어가서 10시에 나오는 회사였잖아…"

힘이 나기도 했지만 부담스럽기도 했죠.

그 뒤로 저는 미친 듯이 무자본으로 시작할 수 있는 일을 찾았습니다.

무자본으로 할 수 있는 것은 온라인뿐이라고 생각했습니다.

먼저 뛰어든 것은 블로그였습니다. 아침에 일어나서 저녁까지 블로그 글을 5개씩 썼습니다. 블로그를 5개 개설했거든요.

그렇게 아무 소득 없이 3개월이 지나 9월이 되었습니다.

1개월만에 애드고시라 불리는(하도 어려워서 고시라는 이름이 붙었다고 합니다.) 구글 애드센스 자격을 받긴 했지만, 하루 0.1달러를 버는 상태였습니다.

'어떻게 하면 0.1달러를 1달러로 만들 수 있을까?'

그렇게 고민하다가 유튜브 채널을 개설하기로 결심했습니다. 블로그의 조회 수를 늘려 보자는 생각으로요.

그런데 뭘로 할까?

내 장점이 뭘까?

저는 회사에서 기획 일을 주로 했고, 요약과 정리에 남들보다 재능이 있는 것을 알았습니다. 블로그를 쓰면서 그 재능을 더 키우기도 했고요. 그래서 책을 읽고 요약 정리를 하기로 결심합니다. 제가 잘하는 분야라고 생각했는데도 어려웠습니다. 어떻게 만들어야 할지, 이 내용이 통할지 저 내용이 통할지 모르니까요. 하지만 일단 시작해 봐야 알 수 있다고 생각했습니다.

그렇게 꾸준히 한 결과 반 년만에 책을 100권 넘게 읽었습니다. 책을 100권 넘게 읽으니 글을 읽고 쓰는 데 거부감이 없어졌습니다. 오히려 즐거웠죠. 그리고 인사이트가 확장되었습니다. 이 책과 저 책의 연결 고리를 찾게 되기도 했고요. 그리고 책에서 읽은 대로 실천하기 시작했습니다. 믿음과 불신을 오가면서도 붙잡을 수 있는 것은 이것뿐이었습니다.

9월에 유튜브를 시작하고 3개월이 지나 2024년 1월에 수익이 창출했습니다. 12월 말에는 제가 컨설팅한 회사에서 수익이 나 컨설팅 비용이 들어왔습니다. 여자 친구에게 말한 6개월이 끝나갈 때쯤이었죠. 지금 하고 있는 일이 맞다고 우주에서 알려 준 것 같았습니다. 이 글을 쓰고 있는 2024년 9월, 지금은 회사를 다니지 않고도 제가 하고 싶은 일을 하면서 살 수 있을 정도가 되었습니다.

이게 정말 되네?

그러다 책을 쓰고 싶어졌습니다. 마침 노들 출판사 대표님이 책을 쓸 생각이 없냐며 권하셨습니다. 이것도 동시성의 원리일까요? 제가 책 출간을 떠올렸을 때 출판사와 연결되는 게 너무 신기했죠. 저는 출판과는 완전히 거리가 먼 사람이었습니다. 당연히 아는 관계자도 없었죠. 마침 쓴 것이 있어 초안을 보내 드렸습니다. 출판사 대표님은 내용은 좋지만 솔직히 부족하다고 답했습니다.

그래서 완전히 새로 쓰기로 마음먹었습니다. 제가 지금까지 읽은 책들의 주요 메시지를 모두 전달하면서 재미까지 있으면 좋겠다고 생각했죠.

책에서도 나오는 이야기지만, 실제로 저의 원형을 찾는

명상 중에 호메로스가 떠올랐고 그에게 나를 내맡기자 결심했습니다. 그때 했던 명상은 온몸이 부르르 떨리면서도 깨고 싶지 않은 행복의 절정이 느껴지는 경지였습니다.

행위자의 주체를 호메로스에게 내어 주고 소파에 누워 있는데 갑자기 스크루지 영감이 떠올랐습니다. 그때 내 안의 신이, 혹은 무의식이, 혹은 그걸 무엇이라 부르든 뭔가가 나에게 영감을 주었으니 당장 실행에 옮기지 않으면 물거품이 될 수 있다고 생각했습니다.

책상에 앉아서 30분간 미친 듯이 쓰기 시작했습니다. 그리고 다음 날도 딱 30분간 계속해서 써 내려 갔습니다. 신기하게도 딱 30분간만 잘 써지고 그 뒤로는 머릿속에 아무것도 떠오르지 않아 쓸 수가 없었어요.

잘 써지지 않으면 명상을 했습니다. 호메로스에게 내맡겼습니다. 내면의 신에게 모든 걸 맡겼습니다. 매일 아침 그렇게 30분간 글을 썼습니다.

제가 쓴 글은 늘 쓰는 어투나 문체가 묻어나면서도 '내가 정말 이런 표현을 썼다고?' 싶은 문장도 있었습니다.

그래서 더 확신하게 되었습니다.

내면의 신이란 있구나.

내맡기는 것이 중요하구나.

원형이라는 것이 정말 있구나.

성장의 법칙은 실제로 존재하는구나.

저는 이 책이 여러분의 삶에 조금이라도 빛이 되면 좋겠습니다. 그리고 이렇게 생각해 주셨으면 좋겠습니다.

해직도 하는데 나라고 못할까?

부록

명상이 나에게 준 것

신과 같은 능력을 가진 생각을 항상 잊지 않고 사용해도 효과가 떨어질 때도 있습니다. 이럴 때 필요한 것이 명상입니다.

2020년은 저에게 가장 힘든 해이면서도 가장 좋은 해이기도 했습니다. 5년간의 결혼 생활에 종지부를 찍었고, 다니던 회사 사정이 좋지 않아 이직을 해야 했습니다. 엎친 데 덮친다는 말을 실감했습니다. 사실 결혼 생활은 이전부터 삐걱대긴 했죠. 과거에 제가 했던 모든 선택이 이런 결과를 만들었을까요? 저는 정말 탈출하고 싶었습니다.

제 삶에서 명상은 매우 효과적인 탈출 수단이었습니다. 2020년 코로나19 팬데믹이 한창일 때, 저는 명상으로 세 가지를 머릿속에 그리고자 했습니다.

- 6,000만 원 이상의 연봉

- 나만 사랑해 주는 아름다운 여성
- 차가운 머리와 따뜻한 가슴

2020년 4월부터 명상을 시작했는데 7월에 연봉 6,000만 원이 되었고, 11월 말에 아름다운 여성을 우연히 모임에서 만났습니다. 지금은 그녀와 결혼을 약속하고 함께 살고 있습니다.

차가운 머리와 따뜻한 가슴을 항상 되뇌어서 이직한 곳에서도 금방 자리를 잡기도 했죠. (그다음 이직한 곳에서 해고를 당하지만요.)

이후 명상을 간헐적으로 했더니 효과가 확실히 떨어졌습니다. (『신과 나눈 이야기』에서 자신의 이름으로 간청하지 않고 필요할 때만 찾으니 안되는 거라는 구절을 읽을 땐 뜨끔했습니다.)

원하는 것을 이루는 명상도 좋지만 내 마음을 항상 차분하게 만들어 줄 명상이 필요했습니다. 제가 시도했던 여러 가지 명상법 중에서 효과가 있었던 방법을 소개하고자 합니다. 저는 명상으로 앞서 말한 기대 충족 외 신체적 효과도 보았습니다.

어느 날 갑자기 항문에 뭔가가 튀어나왔습니다. 손으로 건드리면 너무 아팠습니다.

'이게 말로만 듣던 치질인가?'

해고를 당한 후 생활의 리듬이 깨져서일까요? 해고에 치질까지 오다니 말이죠. 큰 사건과 함께 자질구레한 사건들이 한꺼번에 온다더니. 이때, 조 디스펜자의 책 『당신도 초자연적이 될 수 있다』에 소개된 '에너지 센터 축복하기 명상'에서 회음부를 끌어올리는 동작이 떠올랐습니다.

행여라도 치질이면 부담해야 할 비용들이 겁이 나기도 했습니다. 저는 스스로 해결해야 했습니다.

다소 우습지만, 건강한 항문을 상상하며 명상을 했습니다. 한 달 정도 하고서 안 되면 병원을 가든 약을 먹든 하겠다고 생각했죠. 약 보름쯤 지난 후 갑자기 돌출 부위가 사라지고 통증도 없어졌습니다. 너무 신기했습니다.

'이것이 바로 생각만으로 몸을 치유할 수 있다는 건가?'

회음부를 있는 힘껏 끌어올려서 나은 것인지 아니면 에너지 센터가 축복받아 자가 치유를 한 것인지 원인은 모르겠습니다. 진료를 받아 보지 않았으니 치질인지 확실하지도 않았죠. 치유가 됐다는 걸 증명할 방법도 없었습니다. 그저 저만 알 수 있었습니다.

생활 습관에 명상을 추가한 것밖에 없으니 명상이 치유의 원인인 것은 확실한 것 같습니다.

이 명상은 이렇게 할 수 있습니다.

에너지 센터 축복하기 명상

1. 눈을 감고 코로 호흡합니다.

2. 코로 들어가는 숨을 코끝에서 느끼면서 집중합니다.

3. 몸은 의식의 도구일 뿐이라고 생각합니다.

4. 치유하고 싶은 곳을 집중적으로 생각합니다.

5. 5초간 회음부를 끌어올리듯 힘을 줍니다. (숨은 편안하게 쉽니다.)

6. 위 동작을 3번 반복합니다.

7. 이번에는 회음부와 아랫배를 끌어올리듯 동시에 힘을 줍니다. (숨은 편안하게 쉽니다. 힘을 주는 동시에 숨을 편안하게 쉬기가 초반에는 어렵습니다. 힘을 줄 때는 나도 모르게 숨을 멎게 되거든요. 하지만 하다 보면 가능해집니다.)

8. 위 동작을 3번 반복합니다.

9. 이번에는 회음부와 아랫배 윗배까지 끌어올리듯 동시에 힘을 줍니다. (숨은 편안하게 쉽니다.)

10. 위 동작을 3번 반복합니다.

11. 이번에는 힘을 주지 않고 회음부부터 정수리까지 들숨이 지나가는 걸 상상하며 호흡합니다. 숨이 정수리까지 갔을 때 10초간 멈춥니다.

12. 숨을 내쉰 뒤 한 번 더 반복합니다.

13. 이번에는 회음부 아랫배 윗배에 힘을 주면서 정수리
    까지 숨을 보내고 10초간 참습니다.
14. 위 동작을 3번 반복합니다. (전체 과정이 10분 정도 걸립
    니다.)

이 명상을 하면 머리가 맑아지고 선입견과 판단으로부
터 자유로운 상태에 이름을 느낄 수 있습니다. 이 명상이 끝
난 후에 내가 원하는 미래를 담은 마인드 무비를 보는 것이
좋습니다. 마인드 무비가 없다면 '최해직책추천'에서 의뢰도
가능합니다.

저는 제 마인드 무비를 본 후에 다시 명상을 하는데요,
위 명상을 반복하거나 유튜브에서 찾을 수 있는 '10분 아침
명상'을 합니다.

명상을 할 때면 저는 주로 나뭇잎을 봅니다. 이를 확대할
수도 축소할 수도 있고, 마음대로 뒤집었다가 바로 세웠다가
하며 마음껏 관찰할 수 있습니다.

명상 중 물체를 보는 방법은 다음과 같습니다.

명상을 하면서 눈을 감고 있을 때도 눈은 주변의 빛에
반응합니다. 그 빛에 반응을 응시하면 옅은 검은색과 진한

검은색이 교차합니다. 이때 갑자기 어떤 이미지가 떠오릅니다. 혹은 뭔지 모를 무언가(어떤 사물의 귀퉁이나 현미경으로 확대한 듯한 장면)가 스칩니다. 이를 집중해서 계속 보려고 합니다. 그렇게 관찰하다 보면 이 사물의 생김새를 관찰하며 명상에 완전히 빠져 있는 상태가 됩니다. 그러나 아주 잠깐의 흔들림에도 이 물체는 바로 사라집니다. 이 사라짐은 어쩔 수 없습니다. 하지만 연습하다 보면 더 긴 시간 동안 볼 수 있게 됩니다.

명상을 하는 이유

명상을 하는 이유는 부자가 되기 위함입니다. 이상하게 들리죠? 『나는 나의 스무 살을 가장 존중한다』의 저자이자 피부과 의사인 이하영 원장은 이렇게 말했습니다.

"부자가 되는 것은 마음공부를 하는 것이다."

명상을 하는 것은 인도 승려처럼 어려운 고행을 하는 게 아닙니다. 자신의 마음을 평온하게 만들어 성공하기 위한 밑칠을 하는 겁니다. 이 밑칠에는 명상만한 것이 없습니다. 하지만 명상 자체에 너무 빠지면 안 되죠. 목적을 잃지 말아야 합니다. 우리 명상의 목적은 부자가 되는 것입니다.

명상을 할 때는 높은 경지에 이르지 않아도 되지만 목적을 잃지는 말아야 합니다. 우리의 목적은 경제적으로 윤택한 삶입니다. 그런데 이 삶은 자기만의 경제적 자유를 의미하지 않습니다.

"나는 오늘 어떤 것도 판단하거나 분별하지 않겠다."

"나는 오늘 사람들을 어떻게 도울 수 있을까?"

이 두 가지를 명상의 주제로 삼아 보세요. 마음이 따뜻해짐과 함께 에너지가 충만한 느낌을 받으실 수 있을 겁니다.

에너지를 느끼는 명상법

온 주변에서 흐르는 에너지를 상상해 보세요. 그 에너지가 긍정적이다, 부정적이다 판단하지 말고 그저 에너지를 느껴 보세요. 내 몸을 통과하면서 흐르는 에너지를 체험하세요. 이 느낌을 이어 가면서 우리가 원래 함께였던 곳에서 잔잔하면서도 묵직하게 흐르는 하나의 흐름을 상상해 보세요. 이때 가슴이 뜨거워지거나 혹은 몸이 꿈틀댔다면 에너지를 느끼는 데 성공하신 겁니다.

에너지를 느끼는 명상은 마음에 절대적인 평온을 안겨 주고, 뛰어난 집중력을 발휘할 수 있게 해 주기도 하며, 아이디어가 계속 샘솟게 해 줄지도 모릅니다.

　저는 명상이 끝난 뒤 눈을 뜨고 생활할 때도 이 흐름을 느끼려고 합니다. 그러면 어떤 생각, 어떤 행동을 하더라도 술술 흘러나오는 무한의 에너지와 함께 있음을 느낄 수 있습니다. 끝나지 않고 지속되는 명상 상태와 같습니다.
　여러분도 한번 경험해 보시면 좋겠습니다.

참고 도서

간다 마사노리, 『비상식적 성공의 법칙』, 서승범 옮김, 생각지도, 2022

강범구, 『부의 역설』, 국일미디어, 2024

게리 마커스, 『클루지』, 최호영 옮김, 갤리온, 2023

고이케 히로시, 『2억 빚을 진 내게 우주님이 가르쳐준 운이 풀리는 말버
　　릇』, 이정환 옮김, 나무생각, 2017

그랜트 카돈, 『집착의 법칙』, 최은아 옮김, 부키, 2023

기록자, 『그리스도의 편지』, 이균형 옮김, 정신세계사, 2015

김경집, 『생각의 융합』, 더숲, 2015

김상운, 『느껴주면 풀려난다』, 정신세계사, 2024

김상운, 『왓칭』, 정신세계사, 2011

김승호, 『돈의 속성』, 스노우폭스북스, 2020

나폴레온 힐, 『나폴레온 힐 당신은 반드시 성공할 것이다』, 김현정 옮김,
　　토네이도, 2024

나폴레온 힐, 『나폴레온 힐 성공의 법칙』, 김정수 편역, 중앙경제평론사,
　　2023

나폴레온 힐, 『생각하라 그리고 부자가 되어라』, 김미란 옮김, 윌북, 2024

노아 세인트 존, 『어포메이션』, 황을호 옮김, 나비스쿨, 2021

닐 도널드 월쉬, 『신과 나눈 이야기』, 조경숙 옮김, 아름드리미디어, 1997

대니얼 카너먼, 『생각에 관한 생각』, 이창신 옮김, 김영사, 2018

도널드 밀러, 『무기가 되는 스토리』, 이지연 옮김, 윌북, 2018

도리스 메르틴, 『아비투스』, 배명자 옮김, 다산초당, 2023

돌로레스 캐논, 『돌로레스 캐논 죽음과 삶 사이의 세계』, 정순임 · 윤나진 옮김, 공명, 2024

디팩 초프라 · 미나스 카파토스, 『당신이 우주다』, 조원희 옮김, 김영사, 2023

디팩 초프라, 『디팩 초프라의 완전한 명상』, 최린 옮김, 센시오, 2021

디팩 초프라, 『바라는 대로 이루어진다』, 김석환 옮김, 나비스쿨, 2023

디팩 초프라, 『성공을 부르는 일곱가지 영적법칙』, 김병채 옮김, 슈리크리슈나다스아쉬람, 2010

라파엘 배지아그, 『억만장자 시크릿』, 박선령 옮김, 토네이도, 2019

레스터 레븐슨 · 헤일 도스킨, 『세도나 마음혁명』, 아눌라 옮김, 쌤앤파커스, 2016

레스터 레븐슨, 『깨달음 그리고 지혜』, 이균형 옮김, 정신세계사, 2018

로버트 그린, 『인간 본성의 법칙』, 이지연 옮김, 위즈덤하우스, 2019

로버트 콜리어, 『꿈을 이뤄주는 책』, 서진 편저, 스노우폭스북스, 2024

론다 번, 『시크릿』, 김우열 옮김, 살림Biz, 2007

롭 무어, 『결단』, 이진원 옮김, 다산북스, 2019

롭 무어, 『롭 무어 부와 성공의 기회』, 이수경 옮김, 한국경제신문, 2022

류 시노하라, 『지금 이 순간만 살 수 있다면』, 추미란 옮김, 빌리버튼, 2024

리처드 도킨스, 『신, 만들어진 위험』, 김명주 옮김, 김영사, 2021

린 맥태거트, 『필드』, 이충호, 김영사, 2016

마거릿 폴, 『내면아이의 상처 치유하기』, 정은아 옮김, 초록북스, 2024

마빈 토케이어, 『불멸의 지혜』, 이에스더 옮김, 탐나는책, 2024

마이클 A. 싱어, 『상처받지 않는 영혼』, 이균형 옮김, 라이팅하우스, 2014

모건 하우절, 『돈의 심리학』, 이지연 옮김, 인플루엔셜, 2021

모건 하우절, 『불변의 법칙』, 이수경 옮김, 서삼독, 2024

미즈노 남보쿠, 『결코, 배불리 먹지 말 것』, 서진 엮음, 스노우폭스북스, 2023

바딤 젤란드, 『리얼리티트랜서핑』, 박인수 옮김, 정신세계사, 2009

박웅현, 『책은 도끼다』, 인티N, 2023

박주관 · 토마스 쯔바이펠, 『듣기력』, 이코비즈니스, 2004

밥 프록터, 『밥 프록터의 부의 확신』, 김문주 옮김, 비즈니스북스, 2022

벤저민 하디, 『퓨처 셀프』, 최은아 옮김, 상상스퀘어, 2023

복성, 『멘탈리셋』, 넥스웍, 2021

빅터 프랭클, 『죽음의 수용소에서』, 이시형 옮김, 청아출판사, 2020

빠드마쌈바와, 『티벳사자의 서』, 류시화 옮김, 정신세계사, 1995

사이토 히토리, 『부자의 행동습관』, 이지수 옮김, 다산북스, 2020

사토 미쓰로, 『하느님과의 대화』, 이윤경 옮김, 인빅투스, 2015

세스 고딘, 『린치핀』, 윤영삼 옮김, 필름, 2024

세이노, 『세이노의 가르침』, 데이원, 2023

셰인 패리시, 『클리어 씽킹』, 최호영 옮김, 알에이치코리아, 2024

수리야킴, 『빚 10억이 선물해준 자유』, 노들, 2024

안성은, 『믹스 MIX』, 더퀘스트, 2022

앙드레 코스톨라니, 『돈, 뜨겁게 사랑하고 차갑게 다루어라』, 한윤진 옮김, 미래의창, 2023

얼 나이팅게일, 『사람은 생각하는 대로 된다』, 정지현 옮김, 빌리버튼, 2023

에릭 와이너, 『소크라테스 익스프레스』, 김하현 옮김, 어크로스, 2021

에크하르트 톨레, 『다시 삶으로 떠오르기』, 류시화 옮김, 연금술사, 2013

M. J. P. 데마르케, 『9일간의 우주여행』, 장병걸 옮김, 리베르, 2024

M. 스캇 펙, 『거짓의 사람들』, 윤종석 옮김, 비전과리더십, 2007

요네야마 기미히로, 『뇌가 20년 젊어지는 두뇌 자극법』, 황소연 옮김, 전
　　　나무숲, 2023

웨인 다이어, 『의도의 힘』, 박선주 옮김, 빌리버튼, 2024

율 스탠리 앤더슨, 『마음속의 마법』, 최기원 옮김, 케이미라클모닝, 2024

이즈미 마사토, 『부자의 그릇』, 김윤수 옮김, 다산북스, 2020

이하레아카라 휴렌 · 조 비테일, 『호오포노포노의 비밀』, 황소연 옮김, 판
　　　미동, 2011

이하영, 『나는 나의 스무 살을 존중한다』, 토네이도, 2024

정유진 · 임소연 · 추교진, 『나는 왜 이런 성격일까?』, 정신세계사, 2024

제인 로버츠, 『세스매트리얼』, 매건 김 옮김, 터닝페이지, 2024

조 디스펜자, 『꿈을 이룬 사람들의 뇌』, 김재인 · 윤혜영 옮김, 한언출판사,
　　　2009

조 디스펜자, 『당신도 초자연적이 될 수 있다』, 추미란 옮김, 샨티, 2019

조셉 머피, 『완전 다른 사람이 된다』, 박선주 옮김, 빌리버튼, 2023

조윤제, 『사람 공부』, 청림출판, 2023

조지 베일런트, 『행복의 비밀』, 최원석 옮김, 21세기북스, 2013

존 크럼볼츠 · 라이언 바비노, 『더 빠르게 실패하기』, 최현성 옮김, 스노우
　　　폭스북스, 2024

찰스 F. 해낼, 『부와 성공의 문을 여는 찰스 해낼 마스터키 시스템』, 양소
　　　하 옮김, 터닝페이지, 2023

최송목, 『오십에 읽는 손자병법』, 유노북스, 2024

카렌 호나이, 『나를 다 안다는 착각』, 서나연 옮김, 페이지2, 2023

캐서린 폰더, 『금가루 수업』, 이윤정 옮김, 노들, 2024

팀 페리스, 『타이탄의 도구들』, 박선령 · 정지현 옮김, 토네이도, 2022

파울로 코엘료, 『연금술사』, 최정수 옮김, 문학동네, 2001

팸 그라우트, 『E2 소원을 이루는 마력』, 이경남 옮김, 알키, 2014

필 부아시에르, 『매우 산만한 사람들을 위한 집중력 연습』, 안진이 옮김,
        부키, 2023

하와이 대저택, 『더 마인드』, 웅진지식하우스, 2023

홍성국, 『수축사회 2.0: 닫힌 세계와 생존 게임』, 메디치미디어, 2023

『우파니샤드』, 이재숙 옮김, 한길사, 1996

죽어도 컨티뉴

직장을 잃고 이혼도 했는데 저승사자를 만나 부자가 되었다

초판 1쇄 발행	2025년 3월 20일
지은이	최해직 (권영신)
펴낸이	이진석
책임 편집	복실
디자인	손주영
펴낸곳	노들
출판등록	2023년 10월 26일 제 2023-000264호
주소	서울특별시 마포구 월드컵북로 400 서울경제진흥원, 5층 15호(상암동)
E-mail	nodeulbooks@naver.com
ISBN	979-11-985601-4-8 03190